AF238331

Bibliografische Information der Deutschen Nationalbibliothek:
Die Deutsche Nationalbibliothek verzeichnet diese Publikation in der Deutschen
Nationalbibliografie; detaillierte bibliografische Daten sind im Internet über
http://dnb.dnb.de abrufbar.

Abbildungsnachweis
Alle Fotos der Pariser Orte sowie die Filmbilder der zugehörigen Szenen wurden von der
Autorin erstellt. Die jeweiligen Quellen (Verleiher) sind den Credits
der entsprechenden Filme zu entnehmen.

© 2019, Anette Krischer
Mommsenstrasse 19, 10629 Berlin
www.anettekrischer.com
Aktualisierte und erweiterte Neuausgabe
Titel der 2015 beim Schüren Verlag, Marburg, erschienenen Erstausgabe
»Paris: Cafés, Restaurants, Hotels als Filmkulisse«
Alle deutschen Rechte vorbehalten
Illustrationen: Shaina Coulter
Autorenfoto: Alexandra Repp
Umschlaggestaltung unter Verwendung eines Filmstills aus dem Film
»*Herzklopfen*«, F|IT 1968, Regie: Alain Cavalier

Druck: CPI – Clausen & Bosse, Leck
Printed in Germany

ISBN: 978-3-9820204-0-2

Anette Krischer

ANETTE KRISCHER empfand schon immer eine Leidenschaft für französische Spielfilme, die französische Kultur und die sowohl verführerische als auch inspirierende Schönheit der Stadt Paris mit ihren zahlreichen und sehr unterschiedlichen Realitäten. Sie ist Diplom-Medienwirtin, hat in verschiedenen Positionen im Bereich Spielfilm, TV-Doku-Feature, Werbung und Werbefilm gearbeitet und lebt wieder in Berlin.

Anette Krischer

PARIS*er*

Cafés, Restaurants, Hotels im Film

EIN CINEASTISCH-KULINARISCHER REISEFÜHRER

Mit zahlreichen Filmbildern und mit
Fotografien von Anette Krischer

INHALT

PARISER CAFÉS, RESTAURANTS, HOTELS IM FILM

VORWORT

Das vorliegende Buch ist eine Liebeserklärung an Paris und an das Kino.
Es zeigt einerseits die unvergesslichen Orte, an denen die Helden und
Göttinnen der Leinwand gelacht, geliebt und gelitten haben und gibt Ih-
nen andererseits die Möglichkeit, die realen französischen Cafés, Bistros,
Restaurants und Hotels zu besuchen, an denen Ihre Lieblingsschauspieler
gespielt haben.

Als ich nach einem Spaziergang im Jardin du Luxembourg im Café »Le
Rostand« einen Espresso trank und zufällig erfuhr, dass hier eine Folge
des Episodenfilms »Paris, je T'aime« mit Gena Rowlands, Ben Gazzara
und Gérard Depardieu gedreht wurde, fesselte mich als Neu-Pariserin die
Idee, diese faszinierende und facettenreiche Stadt mit all ihren Menschen
und Geschichten, ihren Vierteln, Straßen, Cafés und Restaurants näher
kennenzulernen, und zwar anhand der für ewig im Film festgehaltenen
Momentaufnahmen.

Das gab mir nicht nur die Gelegenheit, viele meiner Lieblingsfilme
noch einmal zu sehen, sondern auch die Möglichkeit, zahlreiche mir bisher unbekannte Filme zu entdecken. Verbunden mit dem Vergnügen, die
Schauplätze selbst mit meiner Kamera aufzusuchen und ihre Atmosphäre
mit allen Sinnen zu genießen, tauchte ich ein in das Herz von Paris und
in die Seele des Kinos. Die gleiche Freude wünsche ich Ihnen mit diesem
Buch.

Lassen Sie sich zu einem Spaziergang durch das cineastische Paris verführen, trinken Sie ein Glas Wein in dem selben Café, in dem Romy
Schneider und Michel Piccoli in »Die Spaziergängerin von Sans-Souci« an
der Bar standen oder genießen Sie ein Abendessen in dem Restaurant, in
dem schon Jack Nicholson in »Was das Herz begehrt« Diane Keaton tief
in die Augen sah.

Anette Krischer
Berlin – Paris

Anette Krischer (rechts) auf der Terrasse des »Le Rostand« beim Jardin du Luxembourg, in dem die Idee zu diesem Buch entstand.

EINLEITUNG

Filme erwecken Gefühle. Ob Drama oder Komödie, ob Liebesfilm oder Thriller. Auch eine Stadt setzt Emotionen frei, und welche Metropole lässt die Herzen der Menschen höher schlagen, wenn nicht Paris? Paris ist eine Stadt der Superlative. Sie ist die teuerste Stadt Europas und dennoch das weltweit beliebteste Reiseziel. Paris ist eine Stadt, die immer schon Künstler, Schriftsteller, Filmemacher und Intellektuelle aus der ganzen Welt magisch angezogen hat. Paris besitzt eine sehr hohe Einwohnerdichte. Die dichtest besiedelten Gebiete konzentrieren sich auf die Innenstadt. Hier leben Menschen unterschiedlicher sozialer und ethnischer Herkunft, Generationen und Berufe. Zum Vergleich: während in Paris über 21.000 Einwohner auf einem qkm leben, sind es in Berlin lediglich 4.000. Hauptsächlich können es sich aber nur wohlhabende Bürger leisten, innerhalb des Boulevard Périphérique in der Innenstadt zu leben, während in den Außenbezirken und Vororten, den Banlieues, einfache Arbeiter und Immigranten leben bzw. versuchen, zu überleben.

Davon erzählen die Straßen, die Häuser, die Bistros, Brasserien und Restaurants und natürlich die Filme, die in ihnen gedreht wurden. Das Schicksal der Menschen auf der Leinwand ist das Abbild des ewigen Strebens und Scheiterns, denn nirgendwo sonst als im Licht und im Schatten von Paris manifestiert sich die Comédie humaine, aber auch die Tragédie humaine derart greifbar.

Paris hat 20 nummerierte Stadtbezirke, die Arrondissements mit den Postleitzahlen 75001 bis 75020. Diese ziehen sich spiralförmig, beginnend mit dem historischen Stadtkern, der »Île de la Cité«, von innen nach außen. Im Volksmund wird diese Spirale auch l'Escargot de Paris, die Pariser Schnecke genannt. Eine weitere Aufteilung der Stadt sieht der Pariser in der Nord- und Südhälfte, die durch die Seine getrennt sind, man spricht von der Rive Droite im Norden und der Rive Gauche im Süden.

Selbst gebürtige Pariser sind oft nicht in der Lage, die 20 Arrondissements genau zuzuordnen, auch die Namen der Bezirke sind nicht jedem geläufig. Die Vorstellung, die der Pariser von seiner Stadt verinnerlicht hat, begründet sich im wesentlichen auf die Unterschiedlichkeit im Straßenbild der Arrondissements, und nicht selten erkennt der Einheimische nur anhand einer Sehenswürdigkeit, eines Denkmals, eines markanten Gebäudes oder eines bekannten Restaurants, in welchem Bezirk er sich befindet.

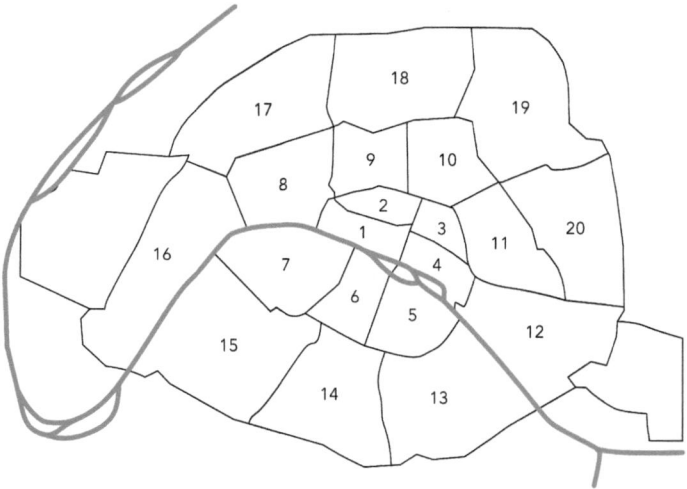

Dennoch verbinden die Pariser allein mit den Postleitzahlen – oft zu unrecht – ein spezifisches soziales Milieu und eine bestimmte Herkunft.

Wenn man einem Besucher sagt, an welcher Métrostation er aussteigen soll, vermittelt dies bereits eine Vorstellung der gesellschaftlichen Position des Gastgebers. Die Tatsache, ob man im exklusiven 7. Arrondissement wohnt oder im südost-asiatisch geprägten 13. Arrondissement etabliert eine soziale Hierarchie, die selbst die Arbeits- und Partnersuche beeinflusst.

Daher wundert es nicht, dass auch für jeden gastronomischen Betrieb die Standortwahl von größter Bedeutung ist. So wird man auf dem quirligen von allen Hautfarben geprägten Boulevard de Barbès im 18. Arrondissement kaum ein teures Feinschmeckerrestaurant finden, während man in der mondänen Avenue Montaigne im 8. Arrondissement vergeblich nach einer billigen Pension oder einer Imbissbude sucht.

Um seine Protagonisten äußerlich zu klassifizieren, braucht der französische Film – sofern er in Paris spielt – lediglich seine Charaktere in eine bestimmte Métrostation einsteigen oder in einem bestimmten Restaurant sitzen zu lassen.

Wenn der an den Rollstuhl gefesselte Philippe in »Ziemlich beste Freunde« sein Blind Date ins edle Restaurant »Le Nemours« im 1. Arrondissement bestellt, dann weiß jeder Zuschauer, dass der Schwerbehinderte wohlhabend sein muss und wenn sich die schrägen Typen in »Die fabelhafte Welt der Amélie« täglich in dem eher schlichten Lokal »Le Café des Deux Moulins« am Montmartre treffen, dann wird sofort klar, dass alle knapp bei Kasse sind.

Le Nemours – ZIEMLICH BESTE FREUNDE

Le Café des Deux Moulins – DIE FABELHAFTE WELT DER AMÉLIE

Die französische Gesellschaft, und also auch die im Film dargestellten sozialen Beziehungen sind nach wie vor durch ein tief verankertes Standesbewusstsein geprägt, woraus der französische Film nicht selten sein Konfliktpotential, aber auch seinen unverwechselbaren Humor bezieht.

Die sehr unterschiedlichen Bilder und Vorstellungen von Paris zeigen sich sehr deutlich in den verschiedenen Sichtweisen französischer und ausländischer Regisseure, aber auch der historische und gesellschaftliche Wandel zeigt ständig wechselnde, cineastische Einblicke in das pulsierende Leben der Stadt. Nach wie vor betrachten bis in die Gegenwart kommerziell angelegte Blockbuster die Stadt Paris vorwiegend als opulentes Dekor, in dem sich schön küssen und leidenschaftlich lieben und hassen lässt. Eine Auseinandersetzung mit der gesellschaftlichen und politischen Realität des Lebens in Paris findet in diesen Filmen nicht statt.

Die Hauptrolle in fast allen Filmen, die zwischen Arc de Triomphe und Place de la Bastille, zwischen Montmartre und Montparnasse in Szene gesetzt wurden, spielt Paris selbst.

Hôtel Ritz – EIN AMERIKANER IN PARIS

Der Schauplatz eines Filmes ist nicht immer identisch mit dem Drehort. Im amerikanischen Film ist es sogar eher selten, dass ein real existierender Schauplatz auch am real existierenden Ort gedreht wird. Der Klassiker »Ein Amerikaner in Paris« (1951) von Vincente Minelli benötigte nur eine Szene vor dem echten Hôtel Ritz, um Paris als Schauplatz zu etablieren. Bis auf diese Szene wurde der Film im Studio in Amerika gedreht. Der europäische Film neigt eher dazu, den realen Ort der Handlung auch als Drehort zu verwenden, d.h. es wird vorwiegend an Originalschauplätzen gedreht (on location).

Ob ein Film am Originalschauplatz oder im Studio gedreht wurde, der Ort der Filmhandlung ist normalerweise keine neutrale Umgebung. Das Design der Einrichtung und die Accessoires der Ausstattung tragen zur Atmosphäre eines Films bei, vermitteln ein besonderes Flair, welches der Geschichte dient. Auch der Name eines Lokals hat oftmals eine Bedeutung und kann deshalb vom Originalnamen abweichen. Gelegentlich erhielten die Sets für einen Film einen anderen Namen, der in Bezug auf die Handlung abgestimmt wurde. Das »Hôtel Langlois« behielt sogar nach Ende der Dreharbeiten für »Die Wahrheit über Charlie« seinen neuen Namen. Soweit Umbenennungen oder Nachbauten im Studio nachweisbar waren, ist dies im Text angemerkt.

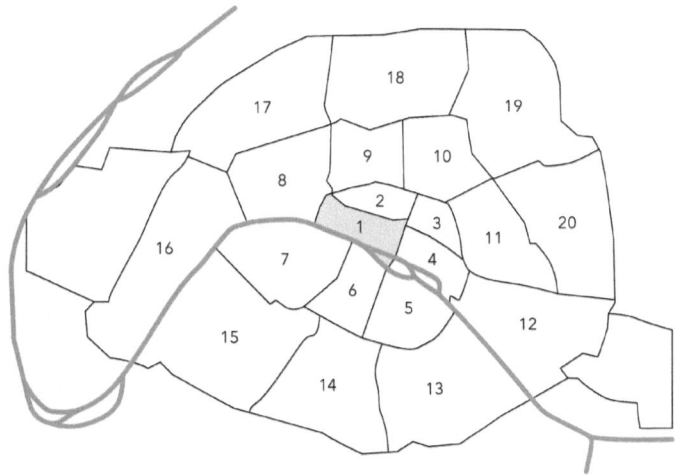

1. ARRONDISSEMENT

LOUVRE

Im 1. Pariser Arrondissement liegt die »Île de la Cité«, der historische Kern der Stadt Paris. Auf dieser Insel, die sich in der Mitte der Seine befindet, ließen sich im 3. Jahrhundert v. Chr. erste Siedler mit dem Namen »Parisii« nieder. In der historischen Mitte der Stadt liegen die bedeutendsten Museen und Paläste. Das Arrondissement umfasst vier Stadtviertel, von denen das Quartier »Les Halles« seine Ursprünge im Mittelalter hat, früher der lebendige zentrale Großmarkt für Fleisch, Fisch, Obst und Gemüse der Stadt, heute ein Geschäftskomplex. Am »Place Vendôme« befinden sich Banken und Juweliere sowie das Hôtel Ritz. Weitere exklusive Geschäfte befinden sich z.B. in der Rue Saint-Honoré.

SEHENSWÜRDIGKEITEN

- Musée du Louvre
- Jardin des Tuileries
- Musée de l'Orangerie
- Musée des Arts Décoratifs
- Place Vendôme
- Jardin du Palais Royal
- Comédie Française
- L'Île de la Cité
- La Conciergerie
- Pont Neuf
- Forum des Halles

Angelina Paris

226 rue de Rivoli, 75001 Paris
Tel. 01 42 60 82 00 | Métro: Tuileries
www.angelina-paris.fr

F 1982
R: Claude Pinoteau
K: Edmond Séchan
D: Claude Brasseur,
Brigitte Fossey, Sophie
Marceau, Lambert
Wilson, Pierre Cosso u.a.
L: 109 Min. DVD: UFA
Blu-ray: Universum|Tobis

LA BOUM 2 – DIE FETE GEHT WEITER

Urgrossmutter Poupette (Denise Grey) unterhält sich mit ihrer Urenkeltochter Vic (Sophie Marceau) über Liebesaffären. Dabei erzählt sie Vic, dass sie selbst in der Patsche sitzt, da sie nicht weiß, wie sie sich entscheiden soll. Jean-Louis, seit 44 Jahren Poupettes Liebhaber, hat ihr nach dem Tod seiner Frau einen Heiratsantrag gemacht.

Au Père Tranquille

16 rue Pierre Lescot, 75001 Paris
Tel. 01 45 08 00 34
Métro: Les Halles, RER: Châtelet

DIE LIEBENDEN VON PONT-NEUF

Die erblindende Malerin Michèle (Juliette Binoche) und der Clochard Alex (Denis Lavant) leiden unter Geldmangel. Sie beschließen, Gäste im Café zu berauben. Ihre Strategie: Michèle setzt sich neben einen Gast, und während Alex diesen ablenkt, mischt Michèle schnell ein Schlafmittel in sein Getränk.

F 1991
R: Léos Carax
K: Jean-Yves Escoffier
D: Juliette Binoche, Denis Lavant, Klaus-Michael Grüber, Daniel Buain u.a. L: 120 Min.
DVD: StudioCanal

Le Cochon à l'Oreille

15 rue Montmartre, 75001 Paris
Tel. 01 40 15 98 24 | Métro: Les Halles, Étienne Marcel
www.lecochonaloreille.fr

USA 1963
R: Stanley Donen
K: Charles Lang
D: Cary Grant, Audrey
Hepburn, Walter
Matthau, James Coburn,
George Kennedy u.a.
L: 113 Min. DVD: Universal
Blu-ray: Concorde

CHARADE

Hamilton Bartholomew (Walter Matthau) gibt sich als Mitglied der CIA aus. Er erklärt Reggie Lampert (Audrey Hepburn), was es mit den 250.000 Dollar auf sich hat: Fünf Mitglieder einer militärischen Spionagetruppe, die diese Summe in Gold zur Unterstützung der Widerstandskämpfer hinter die feindlichen Linien bringen sollten, haben sie gestohlen. Anmerkung: Das Lokal wurde im Studio nachgebaut.

L'Escargot Montorgueil

38 rue Montorgueil, 75001 Paris
Tel. 01 42 36 83 51 | Métro: Les Halles, Étienne Marcel
www.escargotmontorgueil.com

DAS MÄDCHEN IRMA LA DOUCE

Der junge Polizist Nestor Patou (Jack Lemmon) lässt mittels einer Razzia im Rot-lichtmilieu aufräumen. Unter den Freiern befindet sich auch der Chef des örtlichen Polizeireviers. Nachdem Nestor sämtliche Prostituierte auf die Wache bringen lässt, wird er vom Chef suspendiert. Als Nestor daraufhin seinen Kummer in der Kneipe »Chez Moustache« ertrinken will, trifft er dort auf Irma la Douce (Shirley MacLaine). Anmerkung: Für den Film wurden die Räumlichkeiten des »L'Escargot Montorgueil« im Studio nachgebaut.

USA 1963
R: Billy Wilder
K: Joseph LaShelle
D: Jack Lemmon,
Shirly MacLaine,
Lou Jacobi,
Bruce Yarnell u.a.
L: 147 Min. DVD:
MGM|20th Century Fox

Le Grand Véfour

17 rue de Beaujolais, 75001 Paris
Tel. 01 42 96 56 27 | Métro: Palais Royal, Pyramides
www.grand-vefour.com

HERZKLOPFEN

Die schöne und verwöhnte Lucile (Catherine Deneuve) trifft sich wieder mit dem älteren und wohlhabenden Charles (Michel Piccoli). Zuvor hatte sie ihn für den jungen und gutaussehenden Antoine (Roger van Hool) verlassen und war zu ihm in seine Mansardenwohnung gezogen. Doch die anfängliche Leidenschaft litt am täglichen Existenzkampf und blieb nicht von Dauer. Als diese nach einigen Monaten mehr und mehr abkühlte, vermisst sie ihr früheres Leben an der Seite von Charles mit all seinen Annehmlichkeiten.

F|I 1968
R: Alain Cavalier
K: Pierre Lhomme
D: Catherine Deneuve, Michel Piccoli, Roger van Hool, Irene Tunc, Amidou, Philippine Pascale, Jacques Sereys u.a.
L: 101 Min.
DVD: Solaris (F)

LACENAIRE

Während der Dichter, Verbrecher und Mörder Pierre-François Lacenaire (Daniel Auteuil) auf seine Hinrichtung per Guillotine wartet, schreibt er seine Lebensgeschichte auf. Diese übergibt er dem Polizeiinspektor Allard (Jean Poiret) mit der Bitte, auf Hermine (Maïwenn Le Besco) aufzupassen, für die er selbst mehr als zehn Jahre der Vormund war. Die Geschichte wird in Rückblenden erzählt.

F 1990
R: Francis Girod
K: Bruno de Keyzer
D: Daniel Auteuil, Jean Poiret, Jacques Weber, François Périer, Geneviève Casile u.a.
L: 125 Min.
DVD: StudioCanal (F)

COCO CHANEL – DER BEGINN EINER LEIDENSCHAFT

F|B 2009
R: Anne Fontaine
K: Christophe Beaucame
D: Audrey Tautou,
Benoît Poelvoorde,
Alessandro Nivola u.a.
L: 106 Min.
DVD|Blu-ray: Warner

Der reiche Junggeselle Étienne Balsan (Benoît Poelvoorde) lädt die Näherin Gabrielle »Coco« Chanel (Audrey Tautou) abends in ein Restaurant ein. Beide erzählen sich gegenseitig ihre Kindheit. Sie berichtet, dass sie eigentlich gar keine Waise ist, sondern aus einer wohlhabenden Familie stammt. Ihr Vater, der mit Wein spekuliert hat, sei nach dem Tod ihrer Mutter nach Amerika gegangen, um dort reich zu werden.

E|USA 2011
R: Woody Allen
K: Darius Khondji
D: Owen Wilson,
Rachel McAdams, Kurt
Fuller, Mimi Kennedy,
Michael Sheen, Marion
Cotillard, Adrien Brody,
Kathy Bates u.a.
L: 94 Min. DVD|Blu-ray:
Concorde|EuroVideo

MIDNIGHT IN PARIS

Der amerikanische Drehbuchautor Gil (Owen Wilson) verbringt zusammen mit seiner Verlobten Inez (Rachel McAdams) und deren Eltern einige Tage in Paris. Bei einem gemeinsamen Restaurantbesuch gibt es erste Auseinandersetzungen zwischen Gil und seinem zukünftigen Schwiegervater John (Kurt Fuller). Als plötzlich und völlig unerwartet Bekannte aus Amerika im Lokal erscheinen und sich mit Gil und Inez verabreden wollen, ist Gil gar nicht begeistert.

Le Nemours

2 place Colette, 75001 Paris
Tel. 01 42 61 34 14 | Métro: Palais Royal
www.lenemours.paris

DIALOG MIT MEINEM GÄRTNER

Der Maler »Pinselhuber« (Daniel Auteuil) fährt mit seinem Gärtner und ehemaligen Schulkameraden Léo »Gartenbauer« (Jean-Pierre Darroussin) nach Paris, da dieser dort untersucht werden soll. Léo war während der Gartenarbeit plötzlich zusammengebrochen. Im Café erzählt er seinem Freund, wie er seine Frau auf einem Eisenbahnerball kennengelernt hat und vor 20 Jahren mit ihr in Algerien war, da sie kabylische Wurzeln hat.

F 2007
R: Jean Becker
K: Jean-Marie Dreujou
D: Daniel Auteuil,
Jean-Pierre Darroussin,
Fanny Cottençon,
Alexia Barlier u.a.
L: 104 Min. DVD: Indigo

THE TOURIST

USA|F|I 2010
R: Florian Henckel von Donnersmarck
K: John Seale
D: Angelina Jolie, Johnny Depp, Paul Bettany, Thimothy Dalton u.a.
L: 98 Min. DVD|
Blu-ray: StudioCanal

Die Interpol-Agentin Elise Ward (Angelina Jolie) wird vom Geheimdienst beschattet. Dieser ist auf der Suche nach Informationen über den Aufenthaltsort von Alexander Pearce (Johnny Depp). Pearce schuldet der britischen Regierung Steuern in Höhe von 744 Millionen Pfund und hat zudem dem Gangster Reginald Shaw 2,3 Milliarden Dollar gestohlen. Eigentlich wurde die Agentin Elise Ward auf Pearce angesetzt. Sie verliebte sich jedoch in ihn und half ihm bei der Flucht. Im Café überbringt ihr ein Fahrradbote einen Brief von Pearce.

ZIEMLICH BESTE FREUNDE

F 2011
R: Olivier Nakache, Eric Toledano
K: Mathieu Vadepied
D: François Cluzet, Omar Sy, Anne Le Ny, Audrey Fleurot, Joséphine de Meaux u.a.
L: 108 Min. DVD|Blu-ray:
Senator|Universum

Der querschnittsgelähmte Philippe (François Cluzet) führt seit mehreren Monaten eine Brieffreundschaft mit Éléonore (Dorothée Briere Meritte) aus Dünkirchen, ohne diese jemals gesehen zu haben. Als Éléonore ihm mitteilt, dass sie in Kürze in Paris sein wird, vereinbaren die beiden ein Treffen. Doch aus Angst vor Ablehnung verlässt Philippe kurz vor dem vereinbarten Zeitpunkt das Lokal.

Restaurant Paul

15 place Dauphine, 75001 Paris
Tel. 01 43 54 21 48 | Métro: Pont Neuf
www.restaurantpaul.fr

MIDNIGHT IN PARIS

Im nächtlichen Paris küssen sich Gil (Owen Wilson) und Adriana (Marion Cotillard) zum ersten Mal. Er sagt ihr, dass er während ihres Kusses ein Gefühl von Unsterblichkeit erlebte. Die beiden setzen sich auf die Terrasse eines Cafés. Gil übergibt Adriana ein Geschenk: ein paar Ohrringe. Da kommt eine Kutsche und fordert die beiden auf, einzusteigen.

E|USA 2011
R: Woody Allen
K: Darius Khondji
D: Owen Wilson,
Rachel McAdams, Kurt
Fuller, Mimi Kennedy,
Michael Sheen, Marion
Cotillard, Adrien Brody,
Kathy Bates u.a.
L: 94 Min. DVD|Blu-ray:
Concorde|EuroVideo

Kong

1 rue du Pont Neuf, 75001 Paris
Tel. 01 40 39 09 00 | Métro: Pont Neuf
www.kong.fr

F 2006
R: Guillaume Canet
K: Christophe Offenstein
D: François Cluzet,
Marie-Josée Croze,
André Dussollier,
Kristin Scott Thomas,
François Berléand u.a.
L: 125 Min. DVD|
Blu-ray: Universum

KEIN STERBENSWORT

Margot (Marie-Josée Croze), die Ehefrau des Kinderarztes Alexandre Beck (François Cluzet) wurde vor acht Jahren ermordet, nachdem die beiden einen gemeinsamen Nachmittag an einem Waldsee verbracht hatten. Hélène (Kristin Scott Thomas) kann einfach nicht verstehen, warum Alexandre sich immer noch jährlich mit Margots Eltern trifft, um sich gemeinsam mit ihnen an Margot zu erinnern und damit ein morbides Jubiläum zu feiern.

Takara

14 rue Molière, 75001 Paris
Tel. 01 42 96 08 38 | Métro: Palais Royal
lsaora.free.fr

ZWISCHEN ALLEN STÜHLEN

Universitätslehrer Damien (Jean-Pierre Bacri) soll seinen Vater (Claude Rich), der im Staatsrat sitzt, darum bitten, die mögliche Abschiebung von Zorica nach Serbien zu verhindern. Diese ist nach ihrer Scheidung mit dem Bruder seiner Ehefrau liiert. Aber Damien wird im japanischen Restaurant durch das merkwürdige Verhalten seines Vaters gegenüber einem jungen Kellner (Masahiro Kashiwagi) abgelenkt. Daraufhin fragt er seinen Vater, ob er möglicherweise schwul sei.

F 2012
R: Pascal Bonitzer
K: Romain Winding
D: Jean-Pierre Bacri,
Kristin Scott Thomas,
Isabelle Carré, Marin
Orcand Tourrès,
Claude Rich u.a.
L: 100 Min. TV: arte

Hôtel Le Meurice

228 rue de Rivoli, 75001 Paris
Tel. 01 44 58 10 10 | Métro: Tuileries
www.meuricehotel.com

ARSÈNE LUPIN, DER MILLIONENDIEB

Arsène Lupin (Robert Lamoureux), ein Pariser Charmeur und Lebemann, vertreibt sich die Zeit mit Betrügereien, bei denen ihm wertvolles Geschmeide und Gemälde in die Hände fallen. Unter falschem Namen mischt er sich in die glanzvolle Gesellschaft, um sein nächstes Opfer zu finden. Bei einem seiner geplanten Vorhaben, welches er im »Hôtel Le Meurice« ausführen will, begegnet er Mina von Kraft (Liselotte Pulver). Diese hatte er zuvor auf einer Soirée kennengelernt.

F|I 1956
R: Jacques Becker
K: Edmond Séchan
D: Robert Lamoureux,
Liselotte Pulver,
O.E. Hasse, Daniel
Cecaldi, Georges
Chamarat u.a. L: 104 Min.
DVD|Blu-ray: Indigo

DAS LEBEN IST EIN CHANSON

Am Ende ihrer Stadtführung zeigt Camille Lalande (Agnès Jaoui) auf das Fenster vom »Hôtel Le Meurice«, hinter dem General Choltitz beschloss, Hitlers Befehl, Paris zu zerstören, nicht auszuführen. Im letzten Moment hat er verweigert, als schon Sprengladungen an allen Brücken befestigt waren. Kurz darauf begegnet sie Nicolas (Jean-Pierre Bacri), der gerade das Hôtel Régina verlassen hat.

F|CH|UK|I 1997
R: Alain Resnais
K: Renato Berta
D: Pierre Arditi, Sabine
Azéma, Jean-Pierre
Bacri, André Dussollier,
Agnès Jaoui, Lambert
Wilson, Jane Birkin u.a.
L: 117 Min.
DVD: StudioCanal

GEHEIME STAATSAFFÄREN

F|D 2006
R: Claude Chabrol
K: Eduardo Serra
D: Isabelle Huppert,
François Berléand,
Patrick Bruel, Marilyne
Canto, Robin Renucci u.a.
L: 110 Min. DVD: Concorde

Boldi (Jean-François Balmer) und Jean-Baptiste Holéo (Philippe Duclos) treffen sich mit dem Karrieristen Jacques Sibaud (Patrick Bruel) in der Bar des »Hôtel Le Meurice«. Als Sibaud den Raum kurz zum Händewaschen verlässt, erwähnt Jean-Baptiste Holéo gegenüber Boldi, dass er Jacques Sibaud für einen Dünn-brettbohrer hält, dem man seinen Abgang in sechs Monaten wahrscheinlich mit einem Aktienpaket polstern wird.

UK 2011
R: Madonna
K: Hagen Bogdanski
D: Abbie Cornish,
Andrea Riseborough,
James D'Arcy, Oscar
Isaac, Richard Coyle u.a.
L: 119 Min. DVD|Blu-ray:
Senator|Universum

W.E.

Die New Yorkerin Wally Winthrop (Abbie Cornish) führt eine unglückliche Ehe. In ihren Träumen flüchtet sie ständig in die Liebesgeschichte zwischen dem britischen Monarchen Edward VIII. (James d'Arcy) und seiner bürgerlichen Geliebten, der Amerikanerin Wallis Simpson (Andrea Riseborough). Wally reist sogar nach Paris und besichtigt dort die »Herzog und Herzogin von Windsor«-Suite, in der das Paar lebte, nachdem der König 1936 abgedankt hatte.

MIDNIGHT IN PARIS

Nachdem die beiden Amerikaner Paul (Michael Sheen) und Carol (Nina Arianda) in einem Pariser Restaurant zufällig dem frisch verlobten Pärchen Gil und Inez (Owen Wilson, Rachel McAdams) begegnet sind, fordern sie die beiden auf, gemeinsam Tanzen zu gehen. Während Inez begeistert zustimmt, lehnt Gil aber ab. Er möchte lieber noch etwas allein in der Stadt spazieren gehen.

E|USA 2011
R: Woody Allen
K: Darius Khondji
D: Owen Wilson,
Rachel McAdams, Kurt
Fuller, Mimi Kennedy,
Michael Sheen, Marion
Cotillard, Adrien Brody,
Kathy Bates u.a.
L: 94 Min. DVD|Blu-ray:
Concorde|EuroVideo

DIPLOMATIE

In der Nacht vom 24. auf den 25. August 1944 versucht der schwedische Generalkonsul Raoul Nordling (André Dussollier) den kommandierenden General von Groß-Paris Dietrich von Choltitz (Niels Arestrup) mit diplomatischem Geschick davon abzuhalten, Hitlers Befehl auszuführen: Paris soll zerstört und dem Erdboden gleichgemacht werden.

D|F 2014
R: Volker Schlöndorff
K: Michel Amathieu
D: Niels Arestrup,
André Dussollier,
Burghart Klaußner,
Lucas Prisor, Paula
Beer, Thomas Arnold,
Charlie Nelson u.a.
L: 81 Min. DVD|
Blu-ray: Koch Media

Hôtel Régina

2 place des Pyramides, 75001 Paris
Tel. 01 42 60 31 10 | Métro: Tuileries
www.regina-hotel.com

DAS BLUT DER ANDEREN

Die Amerikanerin Hélène (Jodie Foster) hat sich von dem Unternehmer Bergmann (Sam Neil) zum Essen einladen lassen. Da er sich in sie verliebt hat, lockt er mit dem Versprechen, ihr eine Karriere in der Modewelt zu ermöglichen. Hélène kann aber ihren ehemaligen Geliebten, den Kommunisten und Widerstandskämpfer Jean (Michael Ontkean), nicht vergessen.

CAN|F|USA 1984
R: Claude Chabrol
K: Richard Ciupka
D: Jodie Foster,
Michael Ontkean,
Sam Neill, Lambert
Wilson, Stéphane
Audran u.a. L: 135 Min.
V: Parafrance (F)

RENDEZ-VOUS

Nina (Juliette Binoche), die sich als Schauspielerin versucht, trifft den Regisseur Scrutzler (Jean-Louis Trintignant) im Hotel. Scrutzler erzählt ihr, dass er immer in diesem Hotel wohnt und hier auch vor einem Jahr das letzte Mal Quentin (Lambert Wilson) gesehen hat. Zuvor traf er ihn in London, während er auf der Suche nach einem Schauspieler war, der den Romeo spielen sollte. Er wusste sofort, dass Quentin die perfekte Besetzung für diese Rolle sei.

F 1985
R: André Téchiné
K: Renato Berta
D: Juliette Binoche,
Lambert Wilson,
Wadeck Stanczak,
Jean-Louis Trintignant
u.a. L: 82 Min. DVD: TF1 (F)

F 1993
R: Pierre Salvadori
K: Gilles Henry
D: Jean Rochefort,
Marie Trintignant,
Guillaume Depardieu,
Patachou, Wladimir
Yordanoff u.a. L: 87 Min.
DVD: Les Films Pelléas (F)

DER KILLER UND DAS MÄDCHEN

Der Berufskiller Victor Meynard (Jean Rochefort), die Trickbetrügerin Renée Dandrieux (Marie Trintignant) sowie der tollpatschige Antoine (Guillaume Depardieu), der von Meynard als Nachfolger ausgebildet wird, verstecken sich im »Hôtel Régina«. Eigentlich hatte Meynard den Auftrag, Renée umzubringen, doch stattdessen verliebt er sich in sein Opfer und beschützt es.

KISS OF THE DRAGON

F|USA 2001
R: Chris Nahon
K: Thierry Arbogast
D: Jet Li, Bridget Fonda,
Tchéky Karyo, Burt
Kwouk u.a. L: 93 Min.
DVD|Blu-ray: Universum

Der chinesische Polizist Liu Siu-jian (Jet Li) reist nach Paris, um dort einen chinesischen Drogenhändler festzunehmen. Dafür arbeitet er mit einer Spezialeinheit der Pariser Polizei zusammen. In einem Nobelhotel wartet der Drogenhändler auf das Treffen mit einem französischen Kontaktmann. Um sich die Zeit zu vertreiben, werden zwei Prostituierte (u.a. Bridget Fonda) für ihn engagiert. Das Treffen wird von der Spezialeinheit überwacht.

DIE BOURNE IDENTITÄT

Jason Bourne (Matt Damon) wurde bewusstlos aus dem Mittelmeer gezogen und hat keine Erinnerungen an sein früheres Leben. Mit der deutschen Weltenbumm-lerin Marie Kreutz (Franka Potente) fährt er nach Paris. Mit genauen Anweisungen von ihm betritt sie das »Hôtel Régina«. Dort will Jason sie auf dem Telefon in der Lobby anrufen. Marie kommt früher zurück als erwartet, da sie sich an der Rezeption als die persönliche Assistentin von Mister Kane ausgegeben hat und so eine Kopie der Hotelrechnung erhalten konnte.

USA|D|CZ 2002
R: Doug Liman
K: Oliver Wood
D: Matt Damon, Franka Potente, Chris Cooper u.a. L: 119 Min.
DVD|Blu-ray: Universal

BONJOUR SAGAN

Für ihren skandalösen Debütroman »Bonjour Tristesse«, der sich sehr gut verkauft, erhält Françoise Sagan (Sylvie Testud) eine renommierte Auszeichnung. Als sie ver-spätet zu der Preisverleihung kommt, übergibt sie die Autoschlüssel in Eile einem Mann, den sie versehentlich für einen Hotelangestellten hält. Der gleiche Mann wird ihr kurze Zeit später beim Empfang vorgestellt: es ist der Schriftsteller Bernard Frank (Lionel Abelanski).

F 2008
R: Diane Kurys
K: Michel Abramowicz
D: Sylvie Testud, Pierre Palmade, Jeanne Balibar, Arielle Dombasle u.a. L: 180 Min.
DVD: Indigo

F 2008
R: Jean-Paul Salomé
K: Pascal Ridao
D: Sophie Marceau,
Julie Depardieu,
Marie Gillain, Déborah
François, Moritz
Bleibtreu, Maya Sansa,
Julien Boisselier,
Vincent Rottiers, Volker
Bruch, Ronin Renucci,
Xavier Beauvois u.a.
L: 117 Min. DVD|
Blu-ray: Koch Media

FEMALE AGENTS – GEHEIMKOMMANDO PHOENIX

Frankreich 1944: Die Tänzerin Suzy Desprez (Marie Gillain), eine ehemalige Geliebte des SS-Obersten Karl Heindrich (Moritz Bleibtreu), sucht diesen in seinem Hotelzimmer auf. Sie hat die Absicht, ihn erst zu verführen und anschließend zu erschießen. Aber der Mordanschlag scheitert. Stattdessen erschießt Heindrich seine frühere Geliebte.

CHÉRI – EINE KOMÖDIE DER EITELKEITEN

UK|F|D 2009
R: Stephen Frears
K: Darius Khondji
D: Michelle Pfeiffer,
Tom Burke, Rupert
Friend, Kathy Bates u.a.
L: 92 Min. DVD: EuroVideo

Paris in der Belle Époque. Hin- und hergerissen zwischen den Gefühlen für seine junge Ehefrau Edmée (Felicity Jones) und der Sehnsucht nach seiner ehemaligen Geliebten, der älteren Kurtisane Léa de Lonval (Michelle Pfeiffer), flüchtet Chéri (Rupert Friend) ins Pariser Nachtleben. Anschließend verbringt er die Nacht allein im »Hôtel Régina«.

Hôtel Westin

3 rue de Castiglione, 75001 Paris
Tel. 01 44 77 11 11 | Métro: Tuileries
www.thewestinparis.com

DAS KÄTZCHEN

Der verheiratete Fabrikant Benoît Castejc (Pierre Mondy) hat erfahren, dass seine Geliebte Christine (Mireille Darc) in Wirklichkeit eine Prostituierte ist, die extra auf ihn angesetzt wurde. Trotzdem möchte er Christine weiterhin treffen und versucht, sie für sich zu gewinnen. Er verfolgt sie mit dem Auto bis zu einem Hotel. Als sie sich dort mit einem ihrer Kunden trifft, platzt er einfach in das Zimmer.

F 1975
R: Edouard Molinaro
K: Alain Poiré
D: Mireille Darc, Pierre Mondy, Michael Lonsdale, Françoise Prévost, Daniel Ceccaldi, Gérard Hérold, Raoul Curet, Robert Dalban u.a. L: 95 Min.
DVD|Blu-ray: Gaumont(F)

LUCY

F 2014
R: Luc Besson
K: Thierry Arbogast
D: Scarlett Johansson,
Morgan Freeman,
Choi Min-Sik, Analeigh
Tipton, Amr Waked,
Pilou Asbæk, Claire Tran,
Mason Lee u.a. L: 89 Min.
DVD|Blu-ray: Universal

Gegen ihren Willen wurde Lucy (Scarlett Johansson) die Droge CPH4 implantiert, wodurch sich ihre Intelligenz kontinuierlich bis hin zu übermenschlichen Fähigkeiten entwickelt. Sie beweist dem Wissenschaftler Samuel Norman (Morgan Freeman), der sich mit Theorien über die Leistungsfähigkeit des menschlichen Gehirns beschäftigt, ihre Fähigkeit zur Manipulation elektromagnetischer Wellen. Während er in seinem Hotelzimmer ist, erscheint sie plötzlich auf dem Bildschirm seines Fernsehers.

3 DAYS TO KILL

F|USA 2014
R: Joseph McGinty Nichol
K: Thierry Arbogast
D: Kevin Costner,
Amber Heard, Hailee
Steinfeld, Connie Nielsen,
Tomas Lemarquis,
Richard Sammel u.a.
L: 116 Min.
DVD|Blu-ray: Universum

Der CIA-Agent Ethan Renner (Kevin Costner) leidet an einer tödlichen Krankheit. Er reist nach Paris, um die verbleibende Zeit dort mit seiner Tochter Zoey (Hailee Steinfeld) zu verbringen. Von der Agentin Vivi (Amber Heard) wird er beauftragt, den »Wolf« zu töten. Im Tausch soll er ein experimentelles Medikament erhalten, das sein Leben verlängern könnte. Auf der Suche nach »Wolf« kommen sie ins »Hôtel Westin«. Im Fahrstuhl gibt Renner Vivi zu verstehen, dass sie nicht sein Typ sei. Doch sie erwidert, sie wäre jedermanns Typ.

Hôtel Ritz

15 place Vendôme, 75001 Paris
Tel. 01 43 16 30 30 | Métro: Tuileries, Opéra
www.ritzparis.com

USA 1951
R: Vincente Minnelli
K: Alfred Gilks, John
Alton D: Gene Kelly,
Leslie Caron, Oscar
Levant, Georges Guétary,
Nina Foch u.a. L: 113 Min.
DVD|Blu-ray: Warner

EIN AMERIKANER IN PARIS

Nachdem die reiche Amerikanerin Milo Roberts (Nina Foch) zwei Gemälde von Jerry Mulligan (Gene Kelly) erstanden hat, bittet sie ihn in ihr Hotelzimmer, um diese dort zu bezahlen. Sie lädt Jerry zu einem Abendessen mit Freunden ein. Anmerkung: Die Außenaufnahme vom »Hôtel Ritz« wurde am Originalschauplatz gedreht, das Hotelzimmer von Milo Roberts wurde im Studio nachgebaut.

ARIANE – LIEBE AM NACHMITTAG

USA 1957
R: Billy Wilder
K: William C. Mellor
D: Audrey Hepburn,
Gary Cooper, Maurice
Chevalier, John McGiver,
Van Doude u.a.
L: 130 Min. DVD: MGM

Ariane (Audrey Hepburn), die Tochter des Detektivs Claude Chavasse (Maurice Chevalier), stöbert gerne in den Akten ihres Vaters, der auf außereheliche Seitensprünge in der Pariser Gesellschaft spezialisiert ist. Ariane beschließt, Frank Flanagan (Gary Cooper) über die Gefahr, die ihm droht, zu informieren. Der Ehegatte seiner Geliebten hat vor, ihn zu erschießen. Flanagan reagiert nicht unempfänglich gegenüber dem Charme der jungen Ariane.

ALLE SAGEN: I LOVE YOU

Joe Berlin (Woody Allen) besucht seine Ex-Frau Steffi (Goldie Hawn), die mit der gemeinsamen Tochter Djuna (Natasha Lyonne) und ihrer neuen Familie die Weihnachtstage im »Hôtel Ritz« verbringt. Dort teilt Joe ihnen mit, dass er von seiner neuen Liebe (Julia Roberts) schon wieder verlassen wurde. Darüber betrübt, möchte er den Heiligabend allein am Grabmal Napoléons verbringen, wird aber von allen überredet, gemeinsam auszugehen.

USA 1996
R: Woody Allen
K: Carlo Di Palma
D: Edward Norton,
Drew Barrymore, Julia
Roberts, Goldie Hawn,
Woody Allen, Natalie
Portman, Alan Alda u.a.
L: 101 Min.
DVD: Cine Plus|MAWA

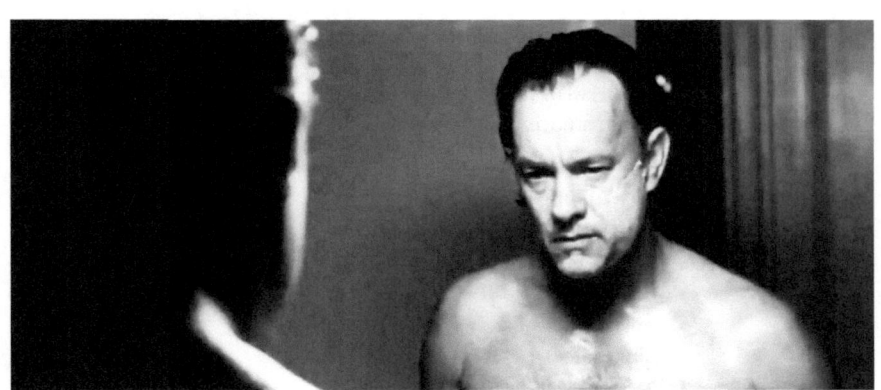

THE DA VINCI CODE – SAKRILEG

Als sich der Symbolologe Robert Langdon (Tom Hanks) beim Rasieren schneidet und dabei sein Blut ins Waschbecken tropft, denkt er an die Rosenlinie, die historisch auch als Blutlinie bezeichnet wird. Da der heilige Gral angeblich unter einer Rose (Rosenlinie) versteckt sein soll, erinnert sich Robert Langdon des Weiteren daran, dass durch Paris der ursprüngliche Nullmeridian führte, der auch als Rosenlinie bezeichnet wurde.

USA 2006
R: Ron Howard
K: Salvator Totino
D: Tom Hanks, Audrey
Tautou, Ian McKellen,
Jean Reno, Paul
Bettany u.a. L: 142 Min.
DVD|Blu-ray: Sony

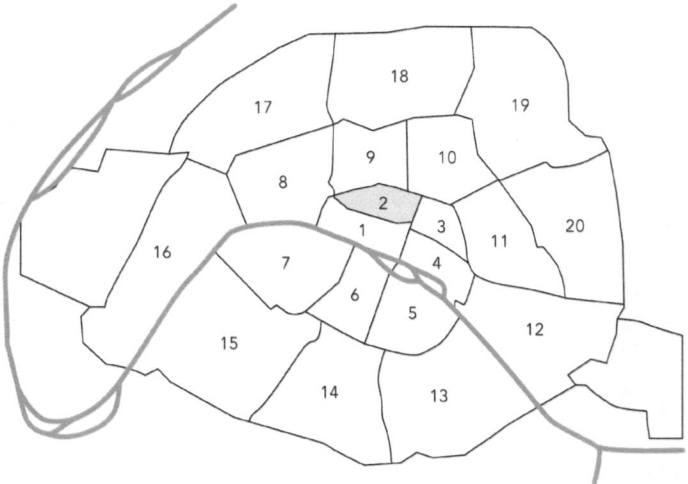

2. ARRONDISSEMENT

BOURSE

Das 2. Pariser Arrondissement liegt zwischen den »Grands Boulevards« und ist mit einer Fläche von 99 ha das kleinste der Stadt. Hier treffen sich Geld und Nachrichten. Es ist ein geschäftiges Börsenviertel und Sitz der ältesten internationalen Nachrichtenagentur AFP (Agence France-Press). In »Bourse« befinden sich zahlreiche elegante Passagen mit vielen kleinen Geschäften. Bis zum 17. Jahrhundert galt das Gebiet als Zentrum der Pariser Unterwelt. In den Straßen Rue Saint-Denis und Rue Blondel findet man immer noch viele Prostituierte.

SEHENSWÜRDIGKEITEN

- Quartier Montorgueil – les Halles
- Place des Victoires
- Bourse de Paris
- Basilique Notre-Dame-des-Victoires
- Église Notre-Dame-de-Bonne-Nouvelle
- Théâtre national de l'Opéra Comique
- Passages couverts (des Princes, Colbert, Vivienne, Choiseul, Grand-Cerf, Panoramas)
- Quartier du Sentier
- Tour Jean-sans-Peur

Chez Drouant

16-18 place Gaillon, 75002 Paris
Tel. 01 42 65 15 16 | Métro: Opéra, Quatre-Septembre
www.drouant.com

LOUIS, DAS SCHLITZOHR

Antoine Maréchal (Bourvil), ein treuherzig-naiver Versicherungsangestellter, kollidiert mit seinem klapprigen Auto mit dem Straßenkreuzer des Industriellen Leopold Saroyan (Louis de Funès). Danach hat sein Auto nur noch Schrottwert. Der zwielichtige Saroyan, der den Unfall verursacht hat, lädt Maréchal daraufhin ein und unterbreitet ihm den Vorschlag, ein Luxus-Cabrio der Marke Cadillac nach Bordeaux zu überführen.

F|I 1964
R: Gérard Oury
K: Henri Decaë
D: Bourvil, Louis de Funès, Venantino Venantini, Henri Génès, Lando Buzzanca u.a.
L: 111 Min. DVD: Universal

Le Grand Colbert

2 rue Vivienne, 75002 Paris
Tel. 01 42 86 87 88 | Métro: Bourse, Palais Royal – Musée du Louvre
www.legrandcolbert.fr

WAS DAS HERZ BEGEHRT

Harry (Jack Nicholson) fliegt nach Paris, nachdem er erfahren hat, dass die Theaterautorin Erica (Diane Keaton) ihren Geburtstag dort verbringt. Völlig unerwartet trifft er Erica in Gesellschaft von Julian Mercer (Keanu Reeves) an, dem jungen Arzt, der ihn nach einem Herzinfarkt behandelte.

USA 2003
R: Nancy Meyers
K: Michael Ballhaus
D: Jack Nicholson,
Diane Keaton, Keanu
Reeves, Frances
McDormand, Amanda
Peet u.a. L: 128 Min.
DVD: Warner

MONSIEUR CLAUDE UND SEINE TÖCHTER

Claude und Marie Verneuil (Christian Clavier, Chantal Lauby) haben drei verheiratete Töchter und damit einen muslimischen, einen jüdischen und einen chinesischen Schwiegersohn. All ihre Hoffnungen ruhen nun auf ihrer jüngsten Tochter Laure (Elodie Fontan), die ihren Eltern bei einem Paris-Besuch ihren katholischen Verlobten Charles (Noom Diawara) vorstellen will.

F 2014
R: Philippe de Chauveron
K: Vincent Mathias
D: Christian Clavier,
Chantal Lauby, Ary
Abittan, Medi Sadoun,
Frédéric Chau, Noom
Diawara, Frédérique
Bel, Julia Piaton u.a.
L: 97 Min. DVD|Blu-ray:
Neue Visionen

F|D|B 2016
R: Paul Verhoeven
K: Stéphane Fontaine
D: Isabelle Huppert,
Laurent Lafitte, Anne
Consigny, Charles
Berling, Virginie Efira,
Christian Berkel u.a.
L: 121 Min.
DVD|Blu-ray: MFA (Al!ve)

ELLE

Die erfolgreiche Unternehmerin Michèle Leblanc (Isabelle Huppert) wurde in ihrem eigenen Haus von einem maskierten Mann überfallen und vergewaltigt. Lange Zeit behält sie den Vorfall für sich und meidet es, den Täter anzuzeigen. Erst bei einem gemeinsamen Abendessen in ihrem engsten Freundeskreis, rund um ihren Ex-Mann Richard, Anna und Robert (Charles Berling, Anne Consigny, Christian Berkel), erzählt sie von dem Überfall.

Le Gallopin

40 rue Notre-Dame-des-Victoires, 75002 Paris
Tel. 01 42 36 45 38 | Métro: Bourse
www.gallopin.com

EIN VERRÜCKTES HUHN

Der verträumte Professor Antoine Lemercier (Philippe Noiret) ist auf dem Moped unterwegs, als er von einem Auto angefahren wird. Die Fahrerin ist seine ehemalige Kommilitonin Lise Tanquerelle (Annie Girardot), die als Kommissarin arbeitet. Zwischen den beiden funkt es. Als er mit seinem Chor vor einer Kirche singt, kommt es zu einem Platzregen. Der Chor sucht Zuflucht im »Le Gallopin«.

F 1978
R: Philippe de Broca
K: Jean-Paul Schwartz
D: Annie Girardot,
Philippe Noiret,
Catherine Alric,
Hubert Deschamps,
Paulette Dubost u.a.
L: 107 Min. DVD|Blu-ray:
Filmjuwelen|Al!ve

La Fontaine Gaillon

1 rue de la Michodière, 75002 Paris
Tel. 01 47 42 63 22
Métro: Pyramides

USA 1969
R: Alfred Hitchcock
K: Jack Hildyard
D: Frederick Stafford,
Dany Robin, John Vernon,
Michel Piccoli,
Philippe Noiret, Karin
Dor u.a. L: 143 Min.
DVD|Blu-ray: Universal

TOPAS

Der Agent André Devereaux (Frederick Stafford) trifft sich mit hochrangigen Beamten und Politikern, darunter Henri Jarré (Philippe Noiret). Als er auf »Topas« zu sprechen kommt und seinen Informanten Boris Kusenov (Per-Axel Arosenius) nennt, behauptet Jarré, er wisse aus zuverlässiger Quelle, dass dieser vor einem Jahr gestorben sei. Anmerkung: Besitzer des Restaurants ist Gérard Depardieu.

Hôtel Westminster

13 rue de la Paix, 75002 Paris
Tel. 01 42 61 57 46 | Métro: Opéra
www.warwickwestminsteropera.com

DIE LETZTE METRO

Nachdem ihr Mann Lucas Steiner (Heinz Bennent) während der deutschen Besatzung aus Frankreich floh, leitet Marion (Catherine Deneuve) das Theater Montmartre allein. Als sie ihr Hotel betritt (im Film »Hôtel du Pont Neuf«) ist die Empfangshalle mit deutschen Besatzern gefüllt. Der Concierge fragt sie, wie er mit der Post für ihren Mann verfahren soll.

F 1980
R: François Truffaut
K: Néstor Almendros
D: Catherine Deneuve, Gérard Depardieu, Jean Poiret, Andréa Ferréol, Paulette Dubost, Heinz Bennent u.a.
L: 133 Min. DVD|Blu-ray: Arthaus|StudioCanal

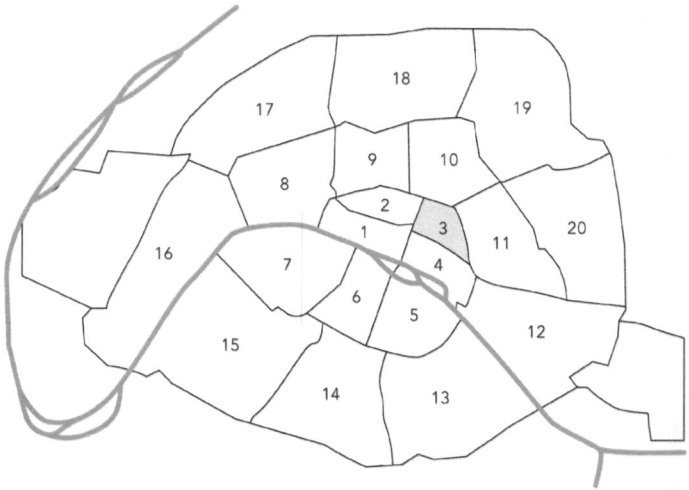

3. ARRONDISSEMENT
TEMPLE

Der Name des 3. Pariser Arrondissements geht auf den dort ehemals ansässigen Templerorden zurück, dessen Bauwerke lange zerstört sind. Der südliche Teil gehört zum beliebten Marais-Viertel, welches bis zum Mittelalter ein Sumpfgebiet war. Das mittelalterliche Flair mit seinen engen Gassen zieht zahlreiche Paris-Besucher an. Hier findet man viele kleine Geschäfte, Boutiquen, Cafés und Restaurants. Der »Place de la République« ist einer der größten Plätze der Stadt und ein guter Ausgangspunkt für einen Spaziergang, die gleichnamige Métrostation ein wichtiger Umsteigebahnhof. Auf den Platz führen vier große Boulevards: Boulevard de Magenta, Boulevard Voltaire, Boulevard du Temple und Boulevard Saint-Martin.

SEHENSWÜRDIGKEITEN

- Musée Picasso (Hôtel Salé)
- Musée Carnavalet
- Musée Cognacq-Jay
- Musée des Arts et Métiers
- Musée de la Poupée
- Musée de la Chasse et de la Nature
- Musée d'art et d'histoire du Judaïsme
- Hôtel de Soubise et les jardins des Archives Nationales
- Passage de l'Ancre

Le Tango

11 rue au Maire, 75003 Paris
Tel. 01 48 87 25 71 | Métro: Arts et Métier
www.tangoparis.com

HASS

Der Araber Saïd (Saïd Taghmaoui), der Schwarze Hubert (Hubert Koundé) und der Jude Vinz (Vincent Cassel) leben in den Banlieues. Bei einer gemeinsamen Tour durch Paris werden Saïd und Hubert wegen Ruhestörung in Polizeigewahrsam genommen. Vinz kann flüchten. Zufällig trifft er Bekannte und möchte mit ihnen einen Club besuchen, doch der Türsteher verweigert den Eintritt.

F 1995
R: Mathieu Kassovitz
K: Pierre Aïm
D: Vincent Cassel,
Hubert Koundé, Saïd
Taghmaoui, Abdel
Ahmed Ghili, Solo,
Joseph Momo u.a.
L: 98 Min. DVD|
Blu-ray: StudioCanal

Les Bains

7 rue du Bourg l'Abbé, 75003 Paris
Tel. 01 42 77 07 07 | Métro: Réaumur – Sébastopol
www.lesbains-paris.com

F 1981
R: Jean-Marie Poiré
K: Bernard Lara
D: Josiane Balasko,
Luis Rego, Dominique
Lavanant, Daniel Auteuil,
Ariane Lartéguy u.a.
L: 86 Min. DVD: Warner (F)

LES HOMMES PRÉFÈRENT LES GROSSES

Die äußere Erscheinung der leicht übergewichtigen Lydie (Josiane Balasko) entspricht nicht gerade dem Aussehen der Gäste, die üblicherweise im »Les Bains« anzutreffen sind. Deshalb wird sie an der Eingangstür auch abgewiesen. Sie schafft es aber trotzdem, sich Eintritt zu verschaffen und möchte sich deshalb nun auch gut amüsieren.

FRANTIC

Richard Walker (Harrison Ford), dessen Ehefrau entführt wurde, versucht im »Blue Parrot« Informationen über einen Mann namens Dédé Martin zu bekommen. Er kommt mit einem Rasta ins Gespräch (Thomas M. Pollard), der allerdings nur daran interessiert ist, Drogen zu verkaufen. Richard kauft und verspricht ihm zusätzliche 100 Dollar für die Adresse von Dédé. Anmerkung: Die Außenaufnahmen wurden am Originalschauplatz gedreht, die Szenen im Club in den Studios de Boulogne.

USA|F 1987
R: Roman Polanski
K: Witold Sobocinski
D: Harrison Ford,
Emmanuelle Seigner,
Betty Buckley, John
Mahoney, James Ray
Weeks u.a. L: 120 Min.
DVD|Blu-ray: Warner

BITTER MOON

»Langsam wurden wir wie zwei Goldfische im Glas«, sagt Oscar (Peter Coyote) über das Zusammenleben mit Mimi (Emmanuelle Seigner). Er schlägt ihr einen Tapetenwechsel vor: sie sollten Freunde auftreiben und die Stadt unsicher machen. Beim anschließenden Besuch in einer Discothek rächt sich die eifersüchtige Mimi, indem sie einen anderen Mann auffordert und äusserst erotisch mit diesem tanzt.

F|UK|USA 1992
R: Roman Polanski
K: Tonino Delli Colli
D: Peter Coyote,
Emmanuelle Seigner,
Hugh Grant, Kristin
Scott Thomas, Victor
Banerjee u.a. L: 139 Min.
DVD: StudioCanal

Villa Beaumarchais

5 rue des Arquebusiers, 75003 Paris
Tel. 01 40 29 14 01 | Métro: Saint-Sébastien – Froissart
www.villa-beaumarchais.com

F|D|I 2001
R: Jacques Rivette
K: William Lubtchansky
D: Marianne Basler,
Jeanne Balibar, Sergio
Castellitto, Hélène de
Fougerolles u.a. L:148 Min.
DVD: Zweitausendeins

VA SAVOIR – KEINER WEISS MEHR

Während ihrer Europatournee gastiert eine italienische Theatergruppe in Paris. Die französische Schauspielerin Camille (Jeanne Balibar), inzwischen mit dem Regisseur Ugo (Sergio Castellitto) liiert, kommt nach drei Jahren Abwesenheit wieder in ihre Stadt. Sie fürchtet, dort ihrem ehemaligen Lebensgefährten Pierre zu begegnen, den sie damals zurückgelassen hat.

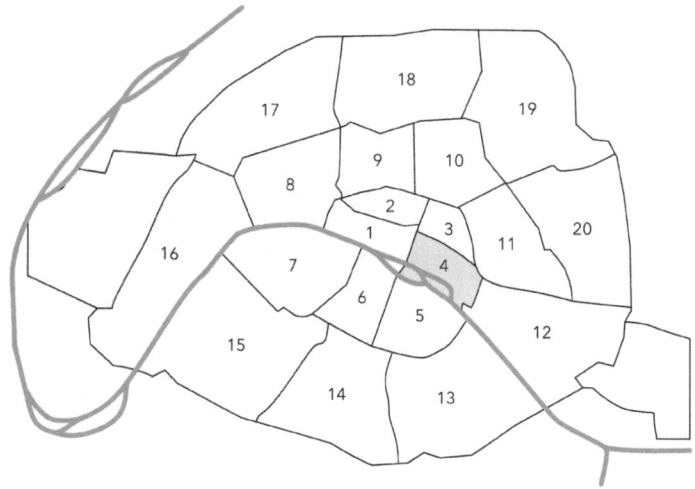

4. ARRONDISSEMENT
HÔTEL DE VILLE

Das 4. Pariser Arrondissement gehört zu den ältesten Teilen der Stadt und gilt als das schönste Viertel von Paris, zu dem die beiden Seine-Inseln »Île de la Cité« und »Île Saint-Louis« gehören. Auf der »Île Saint-Louis« lebten u.a. Voltaire, Baudelaire, Colette und George Sand. Heute leben hier wohlhabende Leute, Filmstars, Autoren und die Rothschilds. Die Häuser und Wohnungen gehören zu den begehrtesten in Paris. In diesem Arrondissement befindet sich das Verwaltungszentrum der Stadt, das Rathaus »Hôtel de Ville« und die katholische Kathedrale »Notre-Dame«. Dieser Teil des Marais ist auch das historische Zentrum des jüdischen Lebens in Paris. In und rund um die »Rue des Rosiers« findet man Bäckereien und Restaurants mit koscheren Lebensmitteln.

SEHENSWÜRDIGKEITEN

- L'Île Saint-Louis
- Place des Vosges
- Maison de Victor Hugo (Place des Vosges)
- Cité Internationale des Arts
- Centre Georges Pompidou (Beaubourg)
- Hôtel Dieu de Paris
- Cathédrale Notre-Dame-de-Paris
- Hôtel de Ville
- Hôtel de Sully
- Hôtel des Archevêques de Sens (Bibliothèque Forney)
- Hôtel de Beauvais

Les Deux Palais

3 boulevard du Palais, 75004 Paris
Tel. 01 42 72 17 78 | Métro: Cité
www.brasserielesdeuxpalais.fr

F|PL|CHE 1993
R: Krzysztof Kieslowski
K: Slawomir Idziak
D: Juliette Binoche,
Julie Delpy,
Benoît Régent,
Florence Pernel,
Emmanuelle Riva,
Charlotte Véry u.a.
L: 93 Min.
DVD|Blu-ray: Concorde

DREI FARBEN – BLAU

Nach dem Unfalltod ihres Ehemannes und ihrer Tochter erfährt Julie (Juliette Binoche), dass ihr Mann, ein berühmter Komponist, jahrelang eine Geliebte hatte. Julie beschließt, seine Geliebte Sandrine (Florence Pernel) kennenzulernen. Sie sucht diese bei ihrer Arbeit im Justizpalast auf, folgt ihr anschließend und spricht sie später im Café, im Waschraum der Toilette, an.

L'Étoile Manquante

34 rue Vieille-du-Temple, 75004 Paris
Tel. 01 42 72 48 34
Métro: Saint-Paul

EIN FREUDIGES EREIGNIS

F 2011
R: Rémi Bezançon
K: Antoine Monod
D: Louise Bourgoin,
Pio Marmaï, Josiane
Balasko, Thierry Frémont,
Gabrielle Lazure u.a.
L: 106 Min.
DVD|Blu-ray: Universum

Der in einer Videothek arbeitende Nicolas Malle (Pio Marmaï) und die Studentin der Philosophie Barbara Dray (Louise Bourgoin) sind ein glückliches Paar. Sie beschließen, ein Kind zu bekommen. Schon kurze Zeit später wird Barbara schwanger. Die Schwangerschaft und der Geburtstermin fallen allerdings genau in den Zeitraum, in dem sie ihre Doktorarbeit fertigstellen und abgeben muss.

Bistrot Marguerite

1 place de l'Hôtel de Ville, 75004 Paris
Tel. 01 85 15 28 10 | Métro: Hôtel de Ville
www.bistrotmarguerite.com

USA|F 1987
R: Roman Polanski
K: Witold Sobocinski
D: Harrison Ford,
Emmanuelle Seigner,
Betty Buckley, John
Mahoney, James Ray
Weeks u.a. L: 120 Min.
DVD|Blu-ray: Warner

FRANTIC

Nach einer Verfolgungsjagd in der »rue de Rivoli« suchen der amerikanische Arzt Dr. Richard Walker (Harrison Ford) und die Schmugglerin Michelle (Emmanuelle Seigner) Zuflucht im Café »Paris Midi«. Von dort aus setzt sich Richard mit der amerikanischen Botschaft in Verbindung. Anmerkung: Dieses Lokal heißt heute »Bistrot Marguerite«.

Dame Tartine

2 rue Brisemiche, 75004 Paris
Tel. 01 77 18 88 59 | Métro: Hôtel de Ville, Rambuteau
www.dame-tartine.com

RENDEZVOUS IN PARIS

In der ersten Geschichte des dreiteiligen Episodenfilms besucht Esther (Clara Bellar) mit Aricie (Judith Chancel) das Restaurant »Dame Tartine« im Stadtteil Beaubourg, wo diese eine Verabredung mit ihrem neuen Freund Horace (Antoine Balser) hat. Dort wird Esthers Vermutung zur Gewissheit, dass Horace ein doppeltes Spiel mir ihr spielt.

F 1995
R: Eric Rohmer
K: Diane Baratier
D: Clara Bellar,
Antoine Basler,
Mathias Mégard,
Judith Chancel,
Aurore Rauscher u.a.
L: 98 Min. DVD: Al!ve

Brasserie Bofinger

5-7 rue de la Bastille, 75004 Paris
Tel. 01 42 72 87 82 | Métro: Bastille
www.bofingerparis.com

NATHALIE – WEN LIEBST DU HEUTE NACHT?

Catherine (Fanny Ardant) hat die Mailbox ihres Ehemannes abgehört und darauf die Nachricht einer unbekannten Frau vorgefunden. Nun glaubt sie, dass Bernard (Gérard Depardieu) eine Geliebte hat. Nach einem gemeinsamen Essen mit ihrem Sohn (Rodolphe Pauly) und dessen Freundin in der »Brasserie Bofinger« spricht Catherine ihren Mann darauf an.

F|E 2003
R: Anne Fontaine
K: Jean-Marc Fabre
D: Fanny Ardant,
Emmanuelle Béart,
Gérard Depardieu,
Wladimir Yordanoff u.a.
L: 100 Min. DVD: Concorde

HAPPY END MIT HINDERNISSEN

In dieser Beziehungskomödie spielen Yvan Attal und Charlotte Gainsbourg das Ehepaar Vincent und Gabrielle, welches sich in einer Art Dauerkrise befindet. Anouk Aimée und Claude Berri sind in den Rollen als Vincents Eltern zu sehen. In der Restaurant-Szene speisen die Eltern in der »Brasserie Bofinger«, ohne ein einziges Wort miteinander zu wechseln.

F 2004 R: Yvan Attal
K: Rémy Chevrin
D: Johnny Depp,
Charlotte Gainsbourg,
Sébastian Vidal, Yvan
Attal, Chloé Combret
u.a. L: 100 Min.
DVD: Lighthouse

Le Temps de Cerises

31 rue de la Cerisaie, 75004 Paris
Tel. 01 42 72 08 63 | Métro: Bastille
www.letempsdescerises-restaurant.fr

F 2006
R: Pascal Thomas
K: Renan Pollès
D: Laetitia Casta,
Mathieu Amalric, Pierre
Arditi, Noémie Lvovsky,
Maurice Risch u.a. L:105 Min.
DVD: StudioCanal

LE GRAND APPARTEMENT

Francesca (Laetitia Casta) und Martin (Mathieu Amalric) leben weit über ihre Verhältnisse in einer riesigen Wohnung, die die habgierige Eigentümerin unbedingt verkaufen möchte. Adrien (Pierre Arditi), Regisseur und Freund der Beiden, begleitet Francesca zu einem Anwalt. Danach kehrt er in sein Stammlokal ein, das Künstlerlokal »Le Temps de Cerises«.

Restaurant Georges

c/o Centre Pompidou | 43 rue Saint-Merri, 75004 Paris
Tel. 01 44 78 47 99 | Métro: Rambuteau, Hôtel de Ville
www.restaurantgeorgesparis.com

EINE AFFÄRE IN PARIS

Der verheiratete Politiker Edgar Cosset (Thierry Lhermitte) lädt die junge Amerikane-rin Isabel (Kate Hudson), die ihre schwangere Schwester Roxanne (Naomi Watts) in Paris besucht, zu einem ersten Rendezvous ins »Restaurant Georges« ein. Aus dem Fenster ist ein Kirchturm zu sehen. Isabel fragt ihn, ob es sich hierbei um die Kathe-drale Notre-Dame handelt. Er antwortet ihr, es sei der Turm der Kirche von St. Merri.

USA 2003
R: James Ivory
K: Pierre Lhomme
D: Kate Hudson, Naomi Watts, Glenn Close, Leslie Caron u.a.
L: 117 Min.
DVD: 20th Century Fox

Le Marché

2 place du Marché Sainte-Catherine, 75004 Paris
Tel. 01 40 09 05 33 | Métro: Saint-Paul
www.restaurantlemarcheparis.com

F|I|B|JPN 2005
R: Danis Tanovic
K: Laurent Dailland
D: Emmanelle Béart,
Karin Viard, Marie
Gillain, Carole Bouquet,
Guillaume Canet u.a.
L: 99 Min.
DVD: Universum Film

WIE IN DER HÖLLE

Die drei ungleichen Schwestern Céline (Karin Viard), Sophie (Emmanuelle Béart) und die junge Anne (Marie Gillain) haben jeweils mit ihrem Leben zu kämpfen. Die Studentin Anne hat eine Affäre mit dem verheirateten Universitätsprofessor Frédéric (Jacques Perrin). Doch anstatt sich zu ihr und der gemeinsamen Liebe zu bekennen, teilt er ihr mit, dass er zu seiner Familie zurückkehren möchte.

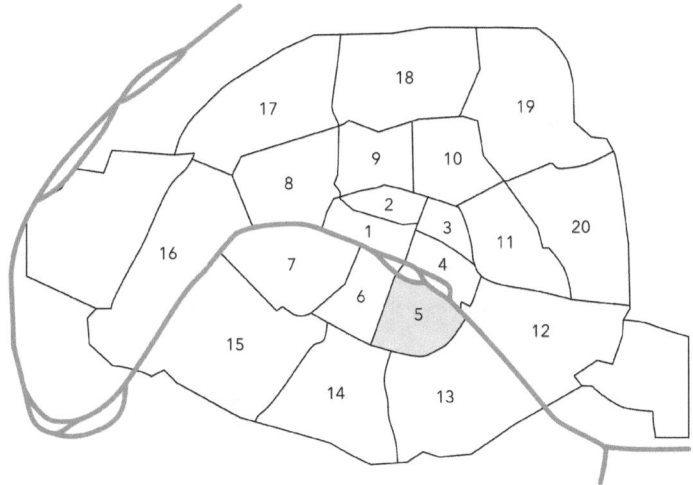

5. ARRONDISSEMENT
PANTHÉON

Im 5. Arrondissement liegt das traditionelle Studentenviertel von Paris, das »Quartier Latin«. Sein Name leitet sich davon ab, dass Studenten und Gelehrte der Universität Sorbonne über lange Zeit Latein sprachen. Viele Schriftsteller haben hier gelebt und über die Gegend geschrieben, wie z.b. Honoré de Balzac, Gabriel Garcia Márquez und Klaus Mann. Im »Quartier Latin« findet man zahlreiche Verlage und Buchhandlungen, Cafés, Restaurants und Musikclubs. Das Panthéon, die nationale Ruhmeshalle Frankreichs, ist die Grabstätte berühmter französischer Persönlichkeiten wie Victor Hugo, Alexandre Dumas (d.Ä.), Jean-Jacques Rousseau, Émile Zola und Voltaire. Im 5. Arrondissement befindet sich auch das »Institut du Monde Arabe«, welches eingerichtet wurde, um das Verständnis zwischen Frankreich und der arabischen Welt zu fördern.

SEHENSWÜRDIGKEITEN

- Place Saint-Michel
- Le Panthéon
- Jardin des Plantes
- Hôtel de Cluny (Musée)
- Institut du Monde Arabe
- La Grande Mosquée
- Bibliothèque Sainte-Geneviève
- La Sorbonne
- Église Saint-Julien-le-Pauvre
- Église Saint-Etienne-du-Mont
- Arènes de Lutèce

Brasserie Balzar

49 rue des Écoles, 75005 Paris
Tel. 01 43 54 13 67 | Métro: Cluny – La Sorbonne
www.brasseriebalzar.com

LA BOUM 2 – DIE FETE GEHT WEITER

Nachdem die fünfzehnjährige Vic Beretton (Sophie Marceau) ihren großen Schwarm Philippe (Pierre Cosso) mit einer anderen Frau beobachtet hat, folgt sie der Einladung des älteren Studenten Félix (Lambert Wilson). Mit ihm und seinen gleichaltrigen Freunden im Restaurant fühlt sie sich allerdings zunehmend unwohl. Deshalb kehrt sie vorzeitig nach Hause zurück.

F 1982
R: Claude Pinoteau
K: Edmond Séchan
D: Claude Brasseur,
Brigitte Fossey, Sophie
Marceau, Lambert
Wilson, Pierre Cosso u.a.
L: 109 Min. DVD: UFA
Blu-ray: Universum|Tobis

EIN KUSS VON BÉATRICE

Die zurückhaltende Claire Breton (Catherine Frot) führt ein ruhiges Leben, als plötzlich die extravagante und lebenslustige Béatrice (Catherine Deneuve) in ihr Leben platzt. Béatrice Sobolevski ist die ehemalige Geliebte ihres verstorbenen Vaters, die vor mehr als 30 Jahren einfach verschwunden ist und die nun ihr ehemaliges Verhalten wieder gut machen möchte.

F 2017
R: Martin Provost
K: Yves Cape
D: Catherine Deneuve,
Catherine Frot, Olivier
Gourmet, Quentin
Dolmaire, Mylène
Demangeot, Pauline
Etienne u.a. L: 112 Min.
DVD: Universum

La Méthode

2 rue Descartes, 75005 Paris
Tel. 01 43 54 22 43 | Métro: Cardinal Lemoine
www.restaurantlamethode.fr

F|B 2011
R: Anne Fontaine
K: Jean-Marc Fabre
D: Isabelle Huppert,
Benoît Poelvoorde,
André Dussollier,
Corentin Devroey,
Virginie Efira u.a. L: 103 Min.
DVD|Blu-ray: Concorde

MEIN LIEBSTER ALPTRAUM

Der ungehobelte Hilfsarbeiter Patrick (Benoît Poelvoorde) steht am Tresen eines Cafés, als er den Verleger François (André Dussollier) auf der Straße vorbeilaufen sieht. Er rennt hinaus und fragt François, ob sie gemeinsam ein Gläschen trinken wollen. Patrick erzählt von seinem Sexabenteuer und seiner Vorliebe für üppige Formen. Ihm sei Quantität wichtiger als Qualität.

Le Piano Vache

8 rue Laplace, 75005 Paris
Tel. 01 46 33 75 03 | Métro: Maubert – Mutualité
www.lepianovache.fr

ABSCHLUSSKLASSE: WILDE JUGEND – 1975

Tomasi (Romain Duris), Alain Chabert (Vincent Elbaz), Maurice »Momo« Zareba (Nicolas Koretzky), Bruno (Julien Lambroschini) und Léon (Joachim Lombard) sind Jugendfreunde. Gemeinsam bereiten sie sich auf ihre Abiturprüfung vor, philosophieren über die Zukunft, besuchen Demonstrationen, kommen mit Drogen in Berührung und erleben erste Freundschaften mit dem weiblichen Geschlecht.

F 1995
R: Cédric Klapisch
K: Dominique Colin
D: Romain Duris, Vincent Elbaz, Nicolas Koretzky, Julien Lambroschini, Joachim Lombard, Caroline Proust u.a. L: 101 Min.
DVD: Gaumont (F)

Le Monge

77 rue Monge, 75005 Paris
Tel. 01 43 36 05 57
Métro: Place Monge

F 2009
R: Sophie Fillières
K: Emmanuelle Collinot
D: Chiara Mastroianni,
Agathe Bonitzer,
Malik Zidi, Mateo Julo
Cedron, Dominique
Valadié u.a. L: 106 Min.
DVD: Gaumont (F)

UN CHAT UN CHAT

Die Schriftstellerin Nathalie (Chiara Mastroianni), die eigentlich Célimène heißt, hat eine Krise und leidet unter einer Schreibblockade. Sie trifft sich im »Le Monge« mit ihrer jungen Stalkerin Anaïs (Agathe Bonitzer). Anaïs hat alles von Nathalie gelesen und verfolgt die Autorin, da sie sich nichts sehnlicher wünscht, als dass diese über ihr Leben schreibt.

Le Bistrot 30

32 rue Saint-Séverin, 75005 Paris
Tel. 01 43 29 31 31
Métro: Saint-Michel

NELLY & MONSIEUR ARNAUD

Nelly (Emmanuelle Béart), die ihren lethargischen Ehemann Jerôme (Charles Berling) verlassen hat, arbeitet als Schreibkraft bei Monsieur Arnaud (Michel Serrault). Sie hilft ihm bei der Fertigstellung seiner Autobiographie. Über Arnaud lernt sie seinen Verleger Vincent Granec (Jean-Hughes Anglade) kennen, der sie zum Essen in sein Stammlokal einlädt.

F|I|D 1995
R: Claude Sautet
K: Jean-François Robin
D: Emmanuelle Béart,
Jean-Hughes Anglade,
Claire Nadeau, Françoise
Brion, Michèle Laroque,
Michael Lonsdale u.a.
L: 106 Min.
DVD: Galileo Medien

La Mosquée de Paris

39 rue Geoffroy Saint-Hilaire, 75005 Paris
Tel. 01 43 31 38 20 | Métro: Place Monge (Jardin des Plantes)
www.la-mosquee.com

F 1969
R: Pierre Grimblat
K: Claude Beausoleil
D: Serge Gainsbourg,
Jane Birkin, Andréa
Parisy, Daniel Gélin,
Henri-Jacques Huet u.a.
L: 85 Min. DVD: Al!ve

SLOGAN

Der verheiratete und erfolgreiche Werbefilmer Serge Fabergé (Serge Gainsbourg) hat sich in Venedig in die junge Engländerin Evelyne (Jane Birkin) verliebt. Sie beginnen ein Verhältnis. Für Evelyne ist Serge die große Liebe. Sie wünscht, dass er sich scheiden lässt. Serge kann und möchte sich aber nicht entscheiden und ist froh, dass sich das Scheidungsprozedere hinzieht.

Cave la Bourgogne

144 rue Mouffetard, 75005 Paris
Tel. 01 47 07 82 80
Métro: Censier – Daubenton

MÜNCHEN

Der Mossad-Agent Avner Kaufman (Eric Bana) und der Bombenbauer Robert (Mathieu Kassovitz) treffen sich mit Louis (Mathieu Amalric) und seinem Vater »Papa« (Michael Londsdale). Sie möchten Informationen über die Mörderin ihres Partners Carl (Ciarán Hinds) bekommen. »Papa«, der mit dem Handel von Waffen und Informationen ein Familiengeschäft betreibt, gibt Avner zu verstehen, dass es Zeit sei, aufzuhören. Er kann beweisen, dass er bereits auf der Abschussliste steht.

USA|CDN|F 2005
R: Steven Spielberg
K: Janusz Kaminski
D: Eric Bana, Daniel Craig, Ciarán Hinds, Mathieu Kassovitz, Hanns Zischler u.a.
L: 157 Min.
DVD: Paramount

Les Patios

5 place de la Sorbonne, 75005 Paris
Tel. 01 43 54 34 43
Métro: Cluny – La Sorbonne, RER: Luxembourg

SO IST PARIS

F 2008
R: Cédric Klapisch
K: Christophe Beaucarne
D: Juliette Binoche,
Romain Duris,
Fabrice Luchini u.a.
L: 130 Min.
DVD: EuroVideo|Prokino

Der Kunstgeschichte-Professor Roland Verneuil (Fabrice Luchini) hat sich leiden-schaftlich in die junge und bildschöne Studentin Laetitia (Mélanie Laurent) ver-liebt. Als er zufällig ihre Mobilnummer erfährt, schickt er ihr Liebesbotschaften und Charles Baudelaire-Verse per sms. Dabei gibt er sich allerdings nicht als er selbst, sondern als einer ihrer jungen Kommilitonen aus. Sie entdeckt ihn dabei und stellt ihn im »Les Patios« zur Rede.

Le Soufflot

16 rue Soufflot, 75005 Paris
Tel. 01 43 26 57 56
Métro: Cluny – La Sorbonne, RER: Luxembourg

DIE SICH SELBST BETRÜGEN

Bob (Jacques Charrier) hat soeben seine Abschlussprüfung bestanden und ist mit Freunden im Café. Telefonisch teilt er seinem Vater die gute Nachricht mit, spürt aber selbst keinerlei Freude. Als seine Freunde ihn ermutigen wollen, gemeinsam Essen zu gehen, um ihren Erfolg zu feiern, lehnt er ab. Allein am Tisch sitzend, erinnert er sich an die Geschehnisse der letzten Monate.

F|I 1958
R: Marcel Carné
K: Claude Renoir
D: Pascale Petit, Andréa Parisy, Jacques Charrier, Laurent Terzieff, Jean-Paul Belmondo, Dany Saval, Pierre Brice u.a. L: 120 Min.
DVD: StudioCanal

Le Verre à Pied

118 bis rue Mouffetard, 75005 Paris
Tel. 01 43 31 15 72
Métro: Censier – Daubenton

F|D 2001
R: Jean-Pierre Jeunet
K: Bruno Delbonnel
D: Audrey Tautou,
Mathieu Kassovitz,
Rufus, Claire Maurier,
Clotilde Mollet u.a.
L: 122 Min. DVD|Blu-ray:
Prokino |EuroVideo

DIE FABELHAFTE WELT DER AMÉLIE

Dominique Bretodeau (Maurice Bénichou) ist unterwegs, um sich ein Landhähnchen zu kaufen. Plötzlich hört er ein Klingeln aus einer Telefonzelle. Als er das Telefon abnimmt, ist aber niemand dran. Dafür findet er in der Telefonzelle seine alte Blechdose aus der Kindheit. Überrascht über diesen Fund und überwältigt von seinen Erinnerungen geht er in eine Bar und bestellt sich einen Cognac. Dort trifft er auf Amélie (Audrey Tautou).

Restaurant Beaurepaire

5 rue de la Bûcherie, 75005 Paris
Tel. 01 43 29 73 57
Métro: Maubert – Mutualité

JULIE & JULIA

Julia Child (Meryl Streep) lebt mit ihrem Ehemann Paul (Stanley Tucci), einem US-amerikanischen Botschafter, in Paris. Nachdem sie dort eine Kochschule besucht hat, arbeitet sie mit ihren Freundinnen Simone Beck (Linda Emond) und Louisette Bertholle (Helen Carey) an einem französischen Kochbuch. Die Frauen diskutieren, wie viel Tantiemen ihnen jeweils bei einer Veröffentlichung zustehen.

USA 2009
R: Nora Ephron
K: Stephen Goldblatt
D: Meryl Streep, Amy Adams, Stanley Tucci, Chris Messina, Linda Emond u.a. L: 123 Min.
DVD|Blu-ray: Sony

Le Zyriab

c/o Institut du Monde Arabe
1 rue des Fossés Saint-Bernard, 75005 Paris
Tel. 01 55 42 55 42 | Métro: Maubert - Matualité

F|UK|USA 1997
R: Anne Goursaud
K: Robert Alazraki
D: Mickey Rourke,
Agathe de La Fontaine,
Angie Everart, Steven
Berkoff, Sandra
Cervik u.a. L: 105 Min.
DVD: StudioCanal

9 ½ WOCHEN IN PARIS

John Gray (Mickey Rourke) versucht verzweifelt, Elizabeth in Paris zu finden. Dabei trifft er auf ihre ehemalige Freundin Lea Calot (Angie Everhart), die er bei ihrer Arbeit als Mode-Designerin aufsucht. Da sich Lea mitten in den Vorbereitungen für eine Modenschau befindet und deshalb keine Zeit hat, schlägt sie ihm vor, sich gemeinsam zum Frühstück zu treffen.

Hôtel Les Rives de Notre-Dame

15 quai Saint-Michel, 75005 Paris
Tel. 01 43 54 81 16 | Métro: Saint-Michel, RER: Saint-Michel – Notre-Dame
www.rivesdenotredame.com

AUSSER ATEM

Die amerikanische Studentin Patricia (Jean Seberg) hat die Nacht mit einem amerikanischen Redakteur verbracht. Als sie zurück in ihr Hotel kommt, findet sie Michel (Jean-Paul Belmondo) in ihrem Bett liegend vor. Anmerkung: Das Hotel hieß ehemals »Hôtel de Suède«. Jean-Luc Godard hat die Außenfassade gefilmt, das Zimmer wurde im Studio rekonstruiert.

F 1960
R: Jean-Luc Godard
K: Raoul Coutard
D: Jean Seberg,
Jean-Paul Belmondo,
Henri-Jacques Huet,
Liliane David, Claude
Mansard u.a. L: 90 Min.
DVD|Blu-ray: StudioCanal

Hôtel de Senlis

7-9 rue Malebranche, 75005 Paris
Tel. 01 43 29 93 10 | RER: Luxembourg
www.paris-hotel-senlis.com

IM ZEICHEN DES LÖWEN

Der Abstieg des gutmütigen Amerikaners Pierre Wesselrin (Jess Hahn) schreitet unerbittlich voran. Als Musiker erfolglos und inzwischen nahezu mittellos versucht er, eine Unterkunft im »Hôtel de Senlis« zu bekommen. Nachdem er das Anmeldeformular ausgefüllt hat, besteht die Rezeptionistin allerdings darauf, die Bezahlung für das Zimmer im Voraus von ihm zu erhalten.

F 1962
R: Eric Rohmer
K: Nicolas Hayer
D: Jess Hahn, Van Doude, Michèle Girardon, Jean Le Poulain, Jill Olivier, Stéphane Audran, Jean-Luc Godard u.a. L: 98 Min.
DVD: StudioCanal

DIE TRÄUMER

Während seines Aufenthalts in Paris lebt der amerikanische Austauschstudent Matthew (Michael Pitt) im Hotel. Vor der Cinémathèque française lernt er das französische Geschwisterpaar Isabelle (Eva Green) und Théo (Louis Garrel) kennen. Die beiden filmbegeisterten Geschwister laden Matthew ein, zu ihnen in die Wohnung zu ziehen, da sich ihre Eltern zur Zeit im Urlaub befinden.

USA|F|I 2003
R: Bernado Bertolucci
K: Fabio Cianchetti
D: Michael Pitt, Eva Green, Louis Garrel, Anna Chancellor, Jean-Pierre Léaud u.a.
L: 110 Min.
DVD|Blu-ray: Concorde

Hôtel Maxim

28 rue Censier, 75005 Paris
Tel. 01 43 31 16 15 | Métro: Censier – Daubenton
www.maximparishotel.com

USA 1963
R: Stanley Donen
K: Charles Lang
D: Cary Grant, Audrey
Hepburn, Walter
Matthau, James Coburn,
George Kennedy u.a.
L: 113 Min. DVD: Universal
Blu-ray: Concorde

CHARADE

Das Hôtel Saint-Jacques spielt im Film eine zentrale Rolle. Sowohl Reggie Lampert (Audrey Hepburn) quartiert sich nach dem Tod ihres Mannes dort ein als auch Peter Joshua (Cary Grant). Die Mitglieder der ehemaligen militärischen Spionagetruppe wohnen ebenfalls dort. Anmerkung: Hier handelt es sich um den Hoteleingang vom »Hôtel Maxim« mit dem Namensschild vom Hôtel Saint-Jacques.

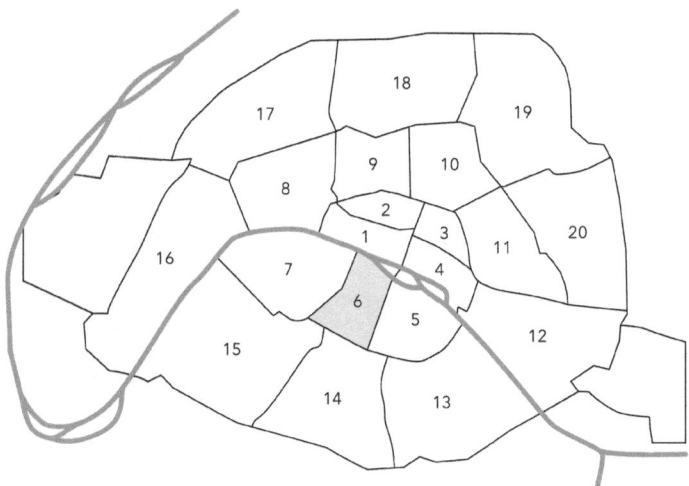

6. ARRONDISSEMENT
LUXEMBOURG

Die Lebensader des 6. Arrondissements ist der Boulevard Saint-Germain. Nach dem zweiten Weltkrieg stand Saint-Germain-des-Prés im Mittelpunkt der intellektuellen Szene und gilt als Geburtsstätte des Existenzialismus. Ein Viertel, in dem sich Philosophen, Schriftsteller, Filmemacher, Schauspieler und Musiker trafen. Heute ist es eine elegante Gegend mit zahlreichen Cafés, Restaurants, Galerien, Buchhandlungen, Antiquariaten und Boutiquen. Die beiden legendären Lokale »Café de Flore« und »Les Deux Magots« sind immer noch Anziehungspunkt für Schriftsteller und Literaturagenten, allerdings auch für viele Touristen. Der früher königliche, heute staatliche Schlosspark »Jardin du Luxembourg« ist bei Spaziergängern und Joggern sehr beliebt.

SEHENSWÜRDIGKEITEN
- Académie Française
- Jardin et Palais du Luxembourg
- Place Saint-Michel
- Église Saint-Sulpice
- Abbaye de Saint-Germain-des-Prés
- Théâtre de L'Odéon
- Hôtel de la Monnaie
- Fontaine Carpeaux
- Musée national Eugène Delacroix
- L'institut d'Art et d'Archéologie
- École des Beaux Arts de Paris

Le Bonaparte

42 rue Bonaparte, 75006 Paris
Tel. 01 43 26 42 81
Métro: Saint-Germain-des-Prés

F|I 1958
R: Marcel Carné
K: Claude Renoir
D: Pascale Petit, Andréa
Parisy, Jacques Charrier,
Laurent Terzieff,
Jean-Paul Belmondo,
Dany Saval, Alfonso Mathis,
Pierre Brice u.a. L: 120 Min.
DVD: StudioCanal

DIE SICH SELBST BETRÜGEN

Der manipulative Alain (Laurent Terzieff) lebt auf Kosten von Freunden und konnte die Bekanntschaft mit dem Studenten Bob (Jacques Charrier) machen. Bob ist der Sohn eines reichen Industriellen. Um auf ihre Freundschaft anzustoßen, schlägt er Bob vor, dieser solle ihn ins »Bonaparte« in Saint-Germain-des-Prés einladen. Dort treffen sich nämlich auch die jungen Existenzialisten, denen er angehört.

Bar de la Croix-Rouge

2 place Michel Debré, 75006 Paris
Tel. 01 45 48 06 45
Métro: Saint-Sulpice

DIE GESCHICHTE VON MARIE UND JULIEN

Als sich der Pariser Uhrmacher Julien (Jerzy Radziwilowicz) und die geheimnisvolle Marie (Emmanuelle Béart) zufällig auf der Strasse begegnen, schlägt ihm Marie ein Rendezvous vor. Sie sollten sich am nächsten Tag im »Café de la Croix Rouge« treffen. Er erscheint pünktlich, setzt sich auf die Terrasse des Cafés, wartet dort aber vergeblich auf sie.

F|I 2003
R: Jacques Rivette
K: William Lubtchansky
D: Emmanuelle Béart,
Jerzy Radziwilowicz,
Anne Brochet, Bettina
Kee, Oliver Cruveiller,
Mathias Jung,
Nicole Garcia u.a.
L: 145 Min. DVD: Al!ve

La Buvette des Marionettes

Jardin du Luxembourg, 75006 Paris
Tel. 01 43 26 33 04
RER: Luxembourg

F 2011
R: Olivier Nakache,
Eric Toledano
K: Mathieu Vadepied
D: François Cluzet,
Omar Sy, Anne Le Ny,
Audrey Fleurot,
Joséphine de Meaux u.a.
L: 108 Min. DVD|Blu-ray:
Senator|Universum

ZIEMLICH BESTE FREUNDE

Antoine (Grégoire Oestermann) hat seinen gelähmten Bruder Philippe (François Cluzet) um ein Treffen gebeten. Er will ihn vor seiner neuen senegalesischen Pflegekraft Driss (Omar Sy) warnen. Dieser war wegen eines Raubüberfalls sechs Monate im Gefängnis. Er befürchtet, dass die Jungs aus der Vorstadt kein Mitleid kennen. Philippe stört die Vergangenheit von Driss allerdings nicht.

Le Café de Flore

172 boulevard Saint-Germain, 75006 Paris
Tel. 01 45 48 55 26 | Métro: Saint-Germain-des-Prés
www.cafedeflore.fr

F 1962
R: Eric Rohmer
K: Nicolas Hayer
D: Jess Hahn, Van Doude,
Michèle Girardon, Jean
Le Poulain, Jill Olivier,
Stéphane Audran, Jean-Luc
Godard u.a. L: 98 Min.
DVD: StudioCanal

IM ZEICHEN DES LÖWEN

Pierre Wesselrin (Jess Hahn) kann seine Hotelrechnung nicht bezahlen. Ein Bekannter rät ihm, sich eine Freundin zu suchen; doch so pleite und dreckig wie er ist, sieht er keine Chance. Der Bekannte schlägt ihm daraufhin vor, sich bei einem Schmuggelgeschäft zu beteiligen, wofür er am nächsten Tag einen Mann in Nanterre kontaktieren soll. Ohne eine Schlafgelegenheit gefunden zu haben, verbringt Pierre die Nacht auf einem Stuhl auf der Terrasse des »Café de Flore«.

F 1962
R: Louis Malles
K: Ghislain Cloquet
D: Maurice Ronet,
Bernard Noël,
Jean-Paul Moulinot, René
Dupuy, Léna Skerla u.a.
L: 108 Min. DVD: Al!ve

DAS IRRLICHT

Aufgrund von Depressionen über sein verpfuschtes Leben und eines Alkoholproblems befindet sich Alain (Maurice Ronet) in einer Nervenklinik außerhalb von Paris. Kurz vor seiner Entlassung unternimmt er einen Ausflug in die Stadt. Die Begegnungen mit alten Freunden sind allerdings enttäuschend. Im »Café de Flore« kann er der Versuchung nicht widerstehen und wird rückfällig.

DIE MAMA UND DIE HURE

Alexandre (Jean-Pierre Léaud), ein junger Möchtegern-Intellektueller ohne Beruf und Einkommen, sitzt in den Cafés herum, diskutiert mit Freunden über Filme und Literatur, liest Marcel Proust und Le Monde. Er versucht, seine Lebensgefährtin Marie (Bernadette Lafont) zu einer Dreiecksbeziehung mit der Bistro-Bekanntschaft Veronika (Françoise Lebrun) zu überreden.

F 1973
R: Jean Eustache
K: Pierre Lhomme
D: Bernadette Lafont,
Jean-Pierre Léaud,
Françoise Lebrun,
Isabelle Weingarten,
Jacques Renard u.a.
L: 210 Min.
VHS: Artificial Eye (UK)

EINE AFFÄRE IN PARIS

Die Amerikanerin Isabel Walker (Kate Hudson) besucht ihre schwangere Schwester Roxanne de Persand (Naomi Watts) in Paris. Diese wurde ein paar Tage zuvor und ohne Angabe von Gründen von ihrem Ehemann Charles-Henri (Melvil Poupaud) verlassen. Plötzlich meldet er sich bei ihr und bittet sie, ihm seine Kontaktlinsen ins »Café de Flore« zu bringen. Als Isabel und Roxanne dort eintreffen, erscheint auch die Autorin Olivia Pace (Glenn Close). Charles-Henri nutzt die Ablenkung, um schnell das Lokal zu verlassen.

USA 2003
R: James Ivory
K: Pierre Lhomme
D: Kate Hudson,
Jean Marie Lhomme,
Naomi Watts,
Esmée Buchet-Deàk,
Jean-Jacques Pivert
u.a. L: 117 Min.
DVD: 20th Century Fox

F 2006
R: Ilan Duran Cohen
K: Christophe Graillot
D: Anna Mouglalis,
Loràant Deutsch, Caroline
Sihol, Kal Weber,
Clémence Poésy u.a.
L: 104 Min. TV: arte

DER LIEBESPAKT: SIMONE DE BEAUVOIR UND SARTRE

Nach einem Aufenthalt in Chicago und New York, besucht ihr amerikanischer Geliebter Nelson Algren (Kal Weber) Simone de Beauvoir (Anna Mouglalis) in Paris. Nelsen möchte Simone unbedingt heiraten, muss aber bald die Unmöglichkeit erkennen, sich gegen den Liebespakt, den sie mit Jean-Paul Sartre (Loràant Deutsch) geschlossen hat, durchzusetzen.

F|B 2011
R: Frédéric Beigbeder
K: Yves Capé
D: Gaspard Proust,
Louise Bourgoin, Joey
Starr, Jonathan Lambert,
Frédérique Bel u.a.
L: 100 Min.
DVD: Prokino|EuroVideo

DAS VERFLIXTE 3. JAHR

Der Schriftsteller Marc Marronnier (Gaspard Proust) besucht in Begleitung seiner Verlegerin Francesca Vernesi (Valérie Lemercier) eine Literatur-Preisverleihung im »Café de Flore«. Seinen pessimistischen Liebesroman, der inzwischen ein Bestseller ist, hat er unter Pseudonym geschrieben. Da seine neue Liebe Alice (Louise Bourgoin) den Roman geschmacklos findet, liegt ihm sehr viel daran, seine Anonymität zu wahren.

Le Café de la Mairie

8 place Saint-Sulpice, 75006 Paris
Tel. 01 43 26 67 82
Métro: Saint-Sulpice

DIE VERSCHWIEGENE

Der verhinderte Literat Antoine (Farbrice Luchini) sinnt nach Rache, nachdem er von seiner Freundin verlassen wurde. Als Stammgast im »Café de la Mairie« lädt er Catherine (Judith Henry) zu ihrem ersten Rendezvous dorthin ein. Anmerkung: Die Außenaufnahmen und Szenen im Erdgeschoss spielen im realen »Café de la Mairie«, die Szenen im ersten Stock wurden in einem anderen Café gedreht.

F 1990
R: Christian Vincent
K: Romain Winding
D: Fabrice Luchini, Judith Henry, Maurice Garrel, Marie Bunel u.a.
L: 94 Min. DVD: Arte vidéo

Chez Clément

9 place Saint-André-des-Arts, 75006 Paris
Tel. 01 56 81 32 00 | Métro: Saint-Michel
www.chezclement.com

F|GR|I 2009
R: Constantin Costa-Gavras
K: Patrick Blossier
D: Riccardo Scamarcio,
Ulrich Tukur, Juliane
Köhler, Éric Caravaca,
Anny Duperey, Léa
Wiazemsky u.a. L: 110 Min.
DVD: Fox Pathé (F)

EDEN IS WEST

Völlig ausgehungert in Paris angekommen sieht Elias (Riccardo Scamarcio) auf dem Tisch eines Restaurants einen Teller mit Resten der Mahlzeit. Schnell setzt er sich hin und beginnt zu essen, als der Kellner (Bonnafet Tarbouriech) ihn bemerkt und verjagen will. Elias aber sagt flehend: »Ich habe Hunger.« Der Kellner lässt ihn daraufhin weiter essen, stellt sich sogar vor ihn, um andere Gäste nicht zu stören.

Le Tournon

18 rue de Tournon, 75006 Paris
Tel. 01 43 26 16 16 | Métro: Odéon
www.letournon.fr

DAS WILDE SCHAF

Die verheiratete Roberte (Romy Schneider) hat eine Affäre mit Nicolas (Jean-Louis Trintignant) und wartet im »Café Tournon« auf ihn. Als er mit dem Auto vorfährt, läuft sie zu ihm. Durchs Fenster fragt er: »Ich bin weder schön, noch bin ich sehr intelligent, noch bin ich sehr verführerisch, aber ich habe ein schönes Auto. Genügt das?« Sie entgegnet: »Junger Mann, Sie wissen doch, dass das die Hauptsache ist.«

F|I 1974
R: Michel Deville
K: Claude Lecomte
D: Jean-Louis Trintignant, Romy Schneider, Jane Birkin, Jean-Pierre Cassel, Florinda Bolkan u.a. L: 101 Min. DVD: Filmconfect|Rough Trade

Restaurant Polidor

41 rue Monsieur le Prince, 75006 Paris
Tel. 01 43 26 95 34 | Métro: Odéon
www.polidor.com

E|USA 2011
R: Woody Allen
K: Darius Khondji
D: Owen Wilson,
Rachel McAdams, Kurt
Fuller, Mimi Kennedy,
Michael Sheen, Marion
Cotillard, Adrien Brody,
Kathy Bates u.a.
L: 94 Min. DVD|Blu-ray:
Concorde|EuroVideo

MIDNIGHT IN PARIS

Der amerikanische Drehbuchautor Gil (Owen Wilson) wurde Ernest Hemingway (Corey Stoll) vorgestellt. Gil äußert Hemingway gegenüber seine Zweifel an seinem ersten Roman. Aber Hemingway entgegnet ihm: »Kein Thema ist furchtbar, wenn die Geschichte ehrlich ist und wenn die Prosa klar und rein ist und wenn es Edelmut und Nervenstärke zeigt.«

La Closerie des Lilas

171 boulevard du Montparnasse, 75006 Paris
Tel. 01 40 51 34 50 | Métro: Vavin, RER: Port-Royal
www.closeriedeslilas.fr

F|USA 1965
R: Clive Donner,
Richard Talmadge
K: Jean Badal
D: Peter Sellers,
Peter O'Toole,
Romy Schneider,
Capucine, Paula Prentiss,
Woody Allen, Ursula
Andress u.a. L: 104 Min.
DVD: 20th Century Fox

WAS GIBT'S NEUES, PUSSY?

Der Weiberheld Michael James (Peter O'Toole) ist ein notorischer Fremdgänger. Diesmal hat er sich allerdings vorgenommen, seiner neuen Freundin Carole (Romy Schneider) unbedingt treu zu bleiben. In der »Closerie des Lilas« trifft er auf Victor (Woody Allen), der mit einer jungen hübschen Frau beim Schachspiel sitzt.

F|I 1968
R: Alain Cavalier
K: Pierre Lhomme
D: Catherine Deneuve,
Michel Piccoli, Roger
van Hool, Irene Tunc,
Amidou, Jacques Sereys,
Philippine Pascale u.a.
L: 101 Min.
DVD: Solaris (F)

HERZKLOPFEN

Lucile (Catherine Deneuve) hat den wohlhabenden Charles (Michel Piccoli) verlassen, um mit dem jungen Journalisten Antoine (Roger van Hool) zu leben. Da dieser nicht genug für den gemeinsamen Lebensunterhalt verdient, muss Lucile arbeiten. Sie findet einen Job in einem Archiv, stellt aber fest, dass sie für das Arbeitsleben einfach nicht geschaffen ist und kündigt. Antoine gegenüber verhält sie sich so, als ob sie weiterhin täglich zu ihrer Arbeit geht.

ABSCHIED IN DER NACHT

Clara (Romy Schneider) und der Chirurg Julien (Philippe Noiret) wurden sich gegenseitig vorgestellt. Zu zweit allein am Tisch fragt jeder den anderen nach seiner beruflichen Tätigkeit. Nach einem Glas Champagner möchte Clara wissen, wieso Julien sie immer auf eine bestimmte Art ansieht. Als er antwortet: »Weil ich Sie liebe«, sagt sie: »Sie sind wohl verrückt.« Er sagt »nein«, und sie beginnt zu lachen.

F|D 1975
R: Robert Enrico
K: Étienne Becker
D: Philippe Noiret,
Romy Schneider,
Jean Bouise, Joachim
Hansen u.a. L: 98 Min.
DVD|Blu-ray: VZ

BONJOUR SAGAN

Die Schriftstellerin Françoise Sagan (Sylvie Testud) unterhält sich mit ihrem guten Freund Jacques Chazot (Pierre Palmade) in einer Bar. Sie erzählt ihm, dass sie ihrer intimen Freundin Peggy (Jeanne Balibar) seit Monaten verschweigt, wie schlecht es gesundheitlich wirklich um diese steht. Ihr gegenüber behauptet sie nämlich, die Untersuchungsergebnisse sind positiv. Deshalb beabsichtigt sie nun, Peggy zu einer Wunderheilerin nach Brasilien zu bringen.

F 2008
R: Diane Kurys
K: Michel Abramowicz
D: Sylvie Testud, Pierre
Palmade, Jeanne
Balibar, Lionel Abelanski,
Arielle Dombasle u.a.
L: 115 Min. DVD: Indigo

Lapérouse

51 quai des Grands Augustins, 75006 Paris
Tel. 01 43 26 68 04 | Métro: Saint-Michel
www.laperouse.com

UNTER FALSCHEM VERDACHT

Als Maurice Martineau (Bernard Blier) erfährt, dass seine Frau, die Sängerin Jenny Lamour (Suzy Delair), eine Verabredung mit dem Geschäftsmann Brignon (Charles Dullin) im »Restaurant Lapérouse« hat, da dieser ihr eine große Kinorolle in Aussicht stellt, kann er sich vor Eifersucht nicht beherrschen. Er fährt selbst zum Restaurant und trifft dort Brignon wartend in einem extra für diese Verabredung reservierten Separée.

F 1947
R: Henri-Georges Clouzot
K: Armand Thirard
D: Louis Jouvet, Bernard Blier, Suzy Delair, Charles Dullin, Pierre Larquey u.a. L: 103 Min.
DVD: StudioCanal (F)

EINE AFFÄRE IN PARIS

Die Dichterin Roxeanne de Persand (Naomi Watts) wurde von ihrem Ehemann Charles-Henri (Melvil Poupaud) verlassen und hat einen Selbstmordversuch unternommen. Ihre Eltern und ihre Schwester kommen zu ihr nach Paris. Während Roxeanne Anspruch auf ein wertvolles Gemälde erhebt, versucht auch ihre Schwiegermutter dieses für ihre Familie zu sichern. Piers Janely (Stephen Fry) vom Auktionshaus Christies klärt die Schwestern Roxeanne de Persand (Naomi Watts) und Isabel Walker (Kate Hudson) über den möglichen Wert des Gemäldes auf.

USA 2003
R: James Ivory
K: Pierre Lhomme
D: Kate Hudson, Jean Marie Lhomme, Naomi Watts, Esmée Buchet-Deàk, Jean-Jacques Pivert u.a. L: 117 Min.
DVD: 20th Century Fox

F 2006
R: Lionel Delplanque
K: Vincent Mathias
D: Albert Dupontel,
Jérémie Renier,
Claude Rich, Mélanie
Doutey u.a. L: 97 Min.
DVD: EuropeArt (F)

PRÉSIDENT – RÄNKESPIELE DER MACHT

Nahema (Mélanie Doutey), die hübsche Tochter des französischen Präsidenten (Albert Dupontel), stellt ihren Eltern bei einem gemeinsamen Essen ihren neuen Freund Mathieu (Jérémie Renier) vor. Mathieu ist ein aufstrebender und hochgebildeter junger Mann, dessen Potenzial der Präsident sofort erkennt. Er beschließt, ihn zum Mitarbeiter seines Beraterstabes zu machen.

F 2010
R: Joann Sfar
K: G. Schiffmann
D: Éric Elmosnino,
Lucy Gordon, Laetitia
Casta, Douag Jones,
Anna Mouglalis u.a.
L: 125 Min. DVD|
Blu-ray: Universal
StudioCanal Video (F)

GAINSBOURG – DER MANN, DER DIE FRAUEN LIEBTE

Serge Gainsbourg (Éric Elmosnino), scheinbar desinteressiert an der jungen Britin Jane Birkin (Lucy Gordon), lässt sie im »Restaurant Lapérouse« allein am Tisch warten, während er im Gang ein längeres Telefongespräch führt. Nach seiner Liaison mit Brigitte Bardot, die ein bitteres Ende für ihn nahm, ist das englische Mädchen für ihn zunächst kein Ersatz. Ohne auf seine Rückkehr zu warten, verlässt Jane Birkin enttäuscht das Lokal.

La Rotonde Montparnasse

105 boulevard du Montparnasse, 75006 Paris
Tel. 01 43 26 48 26
Métro: Vavin

E|F 2000
R: Fabien Onteniente
K: Franco Di Giacomo
D: Samuel Le Bihan,
Lambert Wilson,
Ornella Muti, Ariadna
Gil, José Garcia u.a.
L: 101 Min.
DVD: StudioCanal (F)

JET SET

Der Schauspieler und »falsche« Prinz Alessandro di Segafredi (Samuel Le Bihan)
hat sich in Andrea (Ariadna Gil) verliebt und lädt sie in ein Lokal ein. Doch was
für ein Pech: Eine seiner ehemaligen Geliebten taucht plötzlich dort auf, so dass
er befürchten muss, von dieser enttarnt zu werden. Während er mit ihr spricht,
verlässt Andrea das Lokal.

L'AUBERGE ESPAGNOL – WIEDERSEHEN IN ST. PETERSBURG

F|UK 2005
R: Cédric Klapisch
K: Dominique Colin
D: Romain Duris, Kelly
Reilly, Audrey Tautou,
Cécile de France, Kevin
Bishop u.a. L: 124 Min.
DVD: Universum

Das Liebesleben des Möchtegernschriftstellers Xavier (Romain Duris) ist ein ein-
ziges Chaos. Mit keinem Mädchen hält er es lange aus. Deshalb hat er seinem
Großvater einfach seine lesbische Freundin Isabelle (Cécile de France) als seine
Verlobte vorgestellt. Anschließend sitzen die beiden auf der Straße gegenüber der
Brasserie »La Rotonde«. Isabelle sagt ihm, dass sie den Betrug abscheulich fand
und dass er endlich aufhören soll, zu träumen.

Les Deux Magots

6 place Saint-Germain-des-Prés, 75006 Paris
Tel. 01 45 48 55 25 | Métro: Saint-Germain-des-Prés
www.lesdeuxmagots.fr

USA|F 1949
R: Burgess Meredith
K: Stanley Cortez
D: Charles Laughton,
Franchot Tone, Burgess
Meredith, Robert Hutton,
Jean Wallace u.a.
L: 97 Min. DVD: Aventi

DER MANN VOM EIFFELTURM

Dem Scheren- und Messerschleifer Joseph Heurtin (Burgess Meredith) ist die Flucht aus dem Gefängnis gelungen. Er wird von Inspektor Maigret (Charles Laughton) verdächtigt, die in Paris lebende reiche Tante des Amerikaners Bill Kirby (Robert Hutton) aus Habgier ermordet zu haben.

F|I 1973
R: Gérard Oury
K: Henri Decaë
D: Louis de Funès,
Suzy Delair, Marcel
Dalio, Claude Giraud,
Renzo Montagnani,
Miou-Miou u.a. L: 91 Min.
DVD: StudioCanal

DIE ABENTEUER DES RABBI JACOB

Der arabische Revolutionär Mohamed Larbi Slimane (Claude Giraud) wird unter einem Vorwand ins »Les Deux Magots« bestellt. Währenddessen wird er von Colonel Farès (Renzo Montagnani) beschattet. Im Café wird Slimane am Telefon verlangt. Als er den Hörer abnimmt, erfährt er, dass er in eine Falle geraten ist und Colonel Farès vor dem Lokal auf ihn wartet.

DIE MAMA UND DIE HURE

Alexandre (Jean-Pierre Léaud) erklärt Veronika (Françoise Lebrun), dass es kein Problem für ihn war, gestern umsonst auf sie zu warten. So konnte er sich über das Wort »Limonade« Gedanken machen, welches man gar nicht mehr hört, denn niemand sagt, dass er eine »exzellente Limonade« zum Lunch gehabt hätte. Er hat sich vorgenommen, heute mit ihr darüber zu sprechen, um zu sehen, wie sie reagiert. Er habe nie verstanden, wie fremde Menschen Konversation betreiben.

F 1973
R: Jean Eustache
K: Pierre Lhomme
D: Bernadette Lafont,
Jean-Pierre Léaud,
Françoise Lebrun,
Isabelle Weingarten,
Jacques Renard u.a.
L: 210 Min.
VHS: Artificial Eye (UK)

LA BALANCE – DER VERRAT

Inspektor Palouzi (Richard Berry), entschlossen, den Gangsterboss Massina zur Strecke zu bringen, trifft sich mit Nicole (Nathalie Baye). Er hat erfahren, dass Dédé, ein ehemaliger Gangster und Freund von Nicole, mit Massina arbeitet. Als sie ihm keine seiner Fragen beantworten will, macht er sie darauf aufmerksam, dass sie eine Vereinbarung getroffen haben, von der Dédé nichts erfahren soll.

F 1982
R: Bob Swaim
K: Bernard Zitzermann
D: Richard Berry,
Nathalie Baye, Philippe
Léotard, Maurice Ronet,
Claude Villiers, Tchéky
Christophe Malavoy,
L: 100 Min. DVD: TF1 (F)

F 2011
R: Olivier Nakache,
Eric Toledano
K: Mathieu Vadepied
D: François Cluzet,
Omar Sy, Anne Le Ny,
Joséphine de Meaux,
Audrey Fleurot u.a.
L: 108 Min. DVD|Blu-ray:
Senator|Universum

ZIEMLICH BESTE FREUNDE

Driss (Omar Sy) hat den querschnittsgelähmten Philippe (François Cluzet) nachts
in seinem Rollstuhl durch Paris geschoben. Kurz zuvor hatte Philippe bei einem
Anfall in seinem Haus panisch nach »Luft« gerungen. Um Philippe zu entspannen,
lässt Driss ihn an seinem Joint ziehen. Daraufhin wird Philippe lockerer und beginnt, aus seinem Leben zu erzählen.

Le Fleurus

2 rue de Fleurus, 75006 Paris
Tel. 01 45 44 79 79
Métro: Saint-Placide, Notre-Dame-des-Champs

UN CHAT UN CHAT

Marion (Sophie Guillemin) trifft die Schriftstellerin Nathalie (Chiara Mastroianni) zufällig auf der Straße und nimmt sie mit ins Café. Dort stoßen sie auf Géza (Radivoje Bukvic) und das Topmodel Belinda (Janicke Askevold). Marion erzählt, dass Nathalie eine erfolgreiche, aber depressive Autorin ist, die im Moment kein Selbstwertgefühl hat und deshalb lieber stumm bleibt.

F 2009
R: Sophie Fillières
K: Emmanuelle Collinot
D: Chiara Mastroianni,
Agathe Bonitzer,
Malik Zidi, Mateo Julo
Cedron, Dominique
Valadié u.a. L: 106 Min.
DVD: Gaumont (F)

La Palette

43 rue de Seine, 75006 Paris
Tel. 01 43 26 68 15 | Métro: Mabillon, Odéon
www.cafelapaletteparis.com

DER REGENSCHIRMMÖRDER

Während der Schauspieler und Weiberheld Grégoire Lecomte (Pierre Richard) mit seinem Auto von einem Rendezvous zum nächsten fährt, wird er von verschiedenen Politessen bei seinem Treiben beobachtet. Grégoires eigene Freundin, eine eifersüchtige Politesse, hat ihre Kolleginnen auf ihn angesetzt. So wird er auch dabei beobachtet, wie er sein Auto in der »Rue de Seine« parkt, um anschließend ins »La Palette« zu eilen. Dort erwartet ihn eine dunkelhaarige Schönheit.

F 1980
R: Gérard Oury
K: Henri Decaë
D: Pierre Richard,
Gordon Mitchell, Gerd
Fröbe, Valérie Mairesse,
Christino Murillo, Gérard
Jugnot u.a. L: 91 Min.
DVD: Universum

ONE STAYS, THE OTHER LEAVES

Bei einem Besuch Judiths (Charlotte Gainsbourg) in der Galerie des Kunsthändlers Daniel (Daniel Auteuil) bricht dieser in Tränen aus. Daniel hat soeben erfahren, dass sein Sohn nach einem schweren Unfall an einer Querschnittslähmung leidet. Auf einen späteren Brief Judiths ruft Daniel sie an, um sich mit ihr zu verabreden. Bei ihrem Treffen erfährt sie, dass Daniel noch einen weiteren Sohn aus einer aktuellen Beziehung hat.

F 2005
R: Claude Berri
K: Eric Gautier
D: Charlotte Gainsbourg,
Daniel Auteuil,
Nathalie Baye, Pierre
Arditi, Miou-Miou,
Laure Duthilleul, Aïssa
Maïga u.a. 109 Min.
DVD: Fox Path Europa (F)

Le Rostand

6 place Edmond Rostand, 75006 Paris
Tel. 01 43 54 61 58
RER: Luxembourg

F|FL|CH|D 2006
R: Gérard Depardieu,
Frédéric Auburtin
K: Pierre Aïm
D: Gena Rowlands,
Ben Gazzara, Gérard
Depardieu, Margo
Marindale u.a. L: 119 Min.
DVD|Blu-ray: Universum

PARIS, JE T'AIME

17. Episode »Quartier Latin«: Das Ehepaar Gena (Gena Rowlands) und Ben (Ben Gazzara) hat sich vor langer Zeit getrennt, ist aber noch verheiratet und eng miteinander befreundet. Nun möchte Ben Gena aber um die Scheidung bitten, da er in seinem hohen Alter doch noch Vater wird. Bedient werden die beiden vom Patron des Lokals (Gérard Depardieu).

Brasserie Lipp

151 boulevard Saint-Germain, 75006 Paris
Tel. 01 45 48 53 91 | Métro: Saint-Germain-des-Prés
www.brasserielipp.fr

F|I|D 1972
R: Yves Boisset
K: Ricardo Aronovich
D: Jean-Louis Trintignant,
Jean Seberg, Michel
Piccoli, Michel Bouquet,
Gian Maria Volonté,
Bruno Cremer,
Philippe Noiret u.a.
L: 124 Min. V: C.I.C. (F)

DAS ATTENTAT

Der französische Journalist François Darien (Jean-Louis Trintignant) und Michel Howard (Roy Scheider) warten in der »Brasserie Lipp« auf den marokkanischen Oppositionsführer Sadiel (Gian Maria Volonté). Dieser ist in seiner Heimat zum Tode verurteilt und lebt deshalb im Schweizer Exil. Obwohl Sadiel die Reise von Genf nach Paris angetreten hat, wird er nicht im »Lipp« erscheinen, denn vor dem Lokal warten bereits zwei Polizisten auf ihn.

F 1984
R: Francis Girod
K: Jean Penzer
D: Catherine Deneuve,
Michel Serrault,
Jean-Louis Trintignant,
Michel Auclair,
Hippolyte Girardot u.a.
L: 103 Min. DVD: Aventi (F)

LE BON PLAISIR – EINE POLITISCHE LIEBESAFFÄRE

Der Journalist Herbert (Michel Auclair) hat den jungen Pierre (Hippolyte Girardot) zum Essen eingeladen. Er hegt eine gewisse Sympathie für Pierre, der Übersetzungen ins Deutsche für ihn tätigt. Als Pierre ein Päckchen Zigaretten herausholt, kommt ein rotes Portemonnaie zum Vorschein. Dieses hatte er zusammen mit der Handtasche Claire Després (Catherine Deneuve) gestohlen.

MEIN MANN PICASSO

Picasso (Anthony Hopkins) möchte mit Françoise Gilot (Natascha McElhone) zusammenleben. Sie aber glaubt, er habe immer noch eine Beziehung mit seiner Ex-Freundin Dora Maar (Julianne Moore). Nachdem sie zu dritt die Situation klären, gehen sie ins »Lipp«. Picasso fragt Dora, ob er den Sommer gemeinsam mit Françoise in ihrem Haus verbringen kann. Picasso hatte das Haus einst im Tausch gegen ein Gemälde von seinem Eigentümer erhalten und es Dora geschenkt.

USA 1996
R: James Ivory
K: Andrew Marcus
D: Anthony Hopkins,
Natascha McElhone,
Julianne Moore, Joss
Ackland, Dennis
Boutsikaris u.a.
L: 120 Min. DVD: Warner

TANGUY – DER NESTHOCKER

Tanguy (Eric Berger) hat seinen Eltern, Edith (Sabine Azéma) und Paul (André Dussollier), mitgeteilt, dass er den Abgabetermin seiner Doktorarbeit um weitere achtzehn Monate verschieben konnte. Im Restaurant warnt die Großmutter (Hélène Duc) die Eltern, dass Tanguy auch nach Ablauf dieses Zeitraums einen neuen Grund finden wird, das Elternhaus nicht zu verlassen.

F 2001
R: Étienne Chatiliez
K: Philippe Welt
D: Sabine Azéma,
André Dussollier, Eric
Berger, Hélène Duc,
Aurore Clément u.a.
L: 105 Min.
DVD: Universum

F|M 2005
R: Serge Le Péron,
Saïd Smihi (Co-Regie)
K: Christophe Pollock
D: Charles Berling,
Simon Abkarian, Josiane
Balasko, Jean-Pierre Léaud,
Fabienne Babe, Mathieu
Amalric u.a. L: 98 Min.
DVD: Lancaster (F)

ICH SAH DEN MORD AN BEN BARKA

Zum Abendessen treffen sich der ehemals kleinkriminelle Journalist und Filmproduzent Georges Figon (Charles Berling), der Regisseur Georges Franju (Jean-Pierre Léaud) und Philippe Bernier (Mathieu Amalric), um die Zusammenarbeit für ein Filmprojekt über die Dekolonialisierung der Dritten Welt zu besprechen. Der potentielle und zwielichtige Investor Chtouki besteht darauf, den geflohenen marokkanischen Oppositionsführer Mehdi Ben Barka als Experten hinzuziehen.

F|B 2006
R: Eric-Emmanuel Schmitt
K: Carlo Varini
D: Catherine Frot,
Albert Dupontel,
Jacques Weber, Alain
Doutey u.a. L: 97 Min.
DVD: Universum

ODETTE TOULEMONDE

Der Frauenschwarm und Bestsellerautor von Schnulzenromanen Balthazar Balsan (Albert Dupontel) sucht seine Ehefrau. Als er erfährt, dass sie sich in der »Brasserie Lipp« zum Essen verabredet hat, fährt er hin. Voller Überraschung muss er mit ansehen, wie sie dort mit seinem größten Feind diniert und heftig mit diesem flirtet, dem Autor und Literaturkritiker Olaf Pims (Jacques Weber).

Le Sélect

99 boulevard du Montparnasse, 75006 Paris
Tel. 01 85 15 25 15 | Métro: Vavin
www.leselectmontparnasse.fr

GALIA

Galia (Mireille Darc) trifft Greg, den Ehemann (Venantino Venantini) von Nicole (Françoise Prévost) im »Le Select«. Sie möchte Greg auf die Probe stellen, um anschließend Nicole davon zu berichten. Diese glaubt nämlich, dass Greg sie nicht mehr liebt und hatte deshalb kurz zuvor einen Selbstmordversuch unternommen, den Galia aber im letzten Moment verhindern konnte.

F|I 1966
R: Georges Lautner
K: Maurice Fellous
D: Mireille Darc,
Venantino Venantini,
Françoise Prévost,
François Chaumette,
Edward Meeks, Philippe
Castelli, Jacques Santi,
Henri Attal, Raoul Saint-
Yves u.a. L: 100 Min.
DVD: Gaumont (F)

Hôtel Lutetia

45 boulevard Raspail, 75006 Paris
Tel. 01 49 54 46 00 | Métro: Sèvres-Babylone
www.hotellutetia.com

F 1983
R: Alain Delon,
Robin Davis
K: Jean Tournier
D: Alain Delon, François
Périer, Pierre Mondy,
Anne Parillaud, Andréa
Ferréol u.a. L: 121 Min.
DVD: Concorde

DER KÄMPFER

Unmittelbar, nachdem Jacques Darnay (Alain Delon) und Nathalie (Anne Parillaud) ihr Zimmer im »Hôtel Lutetia« betreten haben, erklärt Jacques, dass er sofort wieder verschwinden muss. Würde er innerhalb einer Stunde nicht anrufen, soll sie das Hotel für einen Einkaufsbummel verlassen und dabei am Empfang demonstrativ erwähnen, dass die beiden dort weiterhin wohnen.

AUCH MÄNNER MÖGEN'S HEISS

Der verheiratete Bankdirektor Alexandre Agut (Richard Berry) hat sich in die un-konventionelle Éva (Fanny Ardant) verliebt. Er möchte sie verführen und reserviert deshalb eine Suite im Hotel. Als ein Kellner das Frühstück servieren möchte, weist Éva ihn darauf hin, dass noch ein Gedeck fehlen würde und zwar das Gedeck für Madame Agut, die Ehefrau von Alexandre.

F 1996
R: Gabriel Aghion
K: Fabio Conversi
D: Patrick Timsit,
Fanny Ardant, Richard
Berry, Michèle Laroque,
Jacques Gamblin u.a.
L: 98 Min. DVD: StudioCanal

CHAOS

Aus dem Fenster von Zimmer 311 beobachten Noémie (Rachida Brakni) und Hélène (Catherine Frot) die Verhaftung von Zuhälter Touki (Ivan Franek) und Pali (Wojtek Pszoniak). Noémie hatte die beiden zuvor angerufen, um einen Treffpunkt am Square Boucicaut zu vereinbaren. Anschließend hatte sie sofort die Polizei über das bevorstehende Treffen informiert.

F 2001
R: Coline Serreau
K: Jean-François Robin
D: Vincent Lindon,
Catherine Frot, Rachida
Brakni, Line Renaud,
Aurélien Wiik u.a.
L: 108 Min.
DVD: StudioCanal (F)

Hôtel Madison

143 boulevard Saint-Germain, 75006 Paris
Tel. 01 40 51 60 00 | Métro: Saint-Germain-des-Prés
www.hotel-madison.com

USA 1985
R: Arthur Penn
K: Jean Tournier
D: Gene Hackman,
Matt Dillon, Gayle
Hunnicutt, Randy
Moore, Ilona Grübel
u.a. L: 113 Min.
DVD: Paramount

TARGET – ZIELSCHEIBE

Der Amerikaner Walter Lloyd (Gene Hackman) hat erfahren, dass seine Frau Donna (Gayle Hunnicutt) entführt wurde. Sie befand sich mit einer Reisegruppe in Paris. Walter fliegt mit seinem Sohn Chris (Matt Dillon) sofort hinterher. In Paris wundert sich Chris über den routinierten Umgang seines Vaters mit Waffen. Er erfährt, dass sein Vater gar kein Geschäftsmann ist, sondern ein ehemaliger Agent der CIA.

Hôtel Michelet-Odéon

6 place de l'Odéon, 75006 Paris
Tel. 01 53 10 05 60 | Métro: Odéon
www.hotelmicheletodeon.com

DAS WILDE SCHAF

Während Nicolas Mallet (Jean-Louis Trintignant) bei Professor Groult und dessen Frau Roberte (Romy Schneider) zu Abend isst, wartet Marie-Paule (Jane Birkin) auf seine Rückkehr. Anschließend möchte sie wissen, wie der Abend verlaufen ist und ob die Krawatte, die sie ihm zuvor geschenkt hat, bewundert wurde. Sie fragt ihn, ob sie noch gemeinsam ausgehen würden oder im Zimmer bleiben und Bumsen.

F|I 1974
R: Michel Deville
K: Claude Lecomte
D: Jean-Louis Trintignant, Romy Schneider, Jane Birkin, Jean-Pierre Cassel u.a. L: 101 Min. DVD: Filmconfect|Rough Trade

Hôtel Villa des Princes

19 rue Monsieur le Prince, 75006 Paris
Tel. 01 46 33 31 69 | Métro: Odéon
www.villa-des-princes.com

F|I 1960
R: Henri-Georges Clouzot
K: Armand Thirard
D: Brigitte Bardot,
Sami Frey, Marie-José
Nat, Paul Meurisse,
Charles Vanel, Louis
Seigner, Fernand
Ledoux u.a. L: 130 Min.
V: Columbia Bavaria

DIE WAHRHEIT

Dominique (Brigitte Bardot), ein einfaches Mädchen vom Land, kommt nach Paris. Trotz fehlender Bildung verkehrt sie dort in Studenten- und Künstlerkreisen. Sie verliebt sich in den Musikstudenten und angehenden Dirigenten Gilbert (Sami Frey). Die beiden werden ein Paar. Anmerkung: Im Film befindet sich der Eingang seitlich des Hauses, folgt man den Treppen hinunter in die »Rue Antoine-Dubois«.

Hôtel de Seine

52 rue de Seine, 75006 Paris
Tel. 01 46 34 22 80 | Métro: Odéon
www.hoteldeseine.com

IM ZEICHEN DES LÖWEN

Der Amerikaner und erfolglose Musiker Pierre Wesselrin (Jess Hahn) kann die Miete für sein Zimmer nicht bezahlen. Die erhoffte Erbschaft ging an seinen Vetter. Als er mit einer Aktentasche das Hotel verlassen will, wird er von der Frau (Stéphane Audran) des Hotelbesitzers daran gehindert. Sie fordert ihn auf, zuvor seine offene Rechnung zu begleichen.

F 1962
R: Eric Rohmer
K: Nicolas Hayer
D: Jess Hahn, Van Doude, Michèle Girardon, Jean Le Poulain, Jill Olivier, Stéphane Audran, Jean-Luc Godard u.a.
L: 98 Min.
DVD: StudioCanal

Hôtel Trianon Rive Gauche

1 bis et 3, rue de Vaugirard, 75006 Paris
Tel. 01 43 29 88 10 | Métro: Odéon
www.hoteltrianonrivegauche.com

F|IT 1958
R: Claude Autant-Lara
K: Jacques Natteau
D: Jean Gabin, Brigitte
Bardot, Edwige Feuillère,
Nicole Berger, Franco
Interlenghi, Madeleine
Barbulée Julien
Bertheau u.a. L: 105 Min.
DVD: TF1 Vidéo (F)

MIT DEN WAFFEN EINER FRAU

Die junge Yvette (Brigitte Bardot) wurde nach einem dilettantisch ausgeführten Raubüberfall gefasst und wendet sich an den renommierten Rechtsanwalt Maître Gobillot (Jean Gabin). Sie gibt ihm zu verstehen, dass sie zwar kein Geld habe, um ihn zu bezahlen, die Rechnung aber in »Naturalien« begleichen könne. Der verheiratete Gobillot kann dem verlockenden Angebot nicht widerstehen.

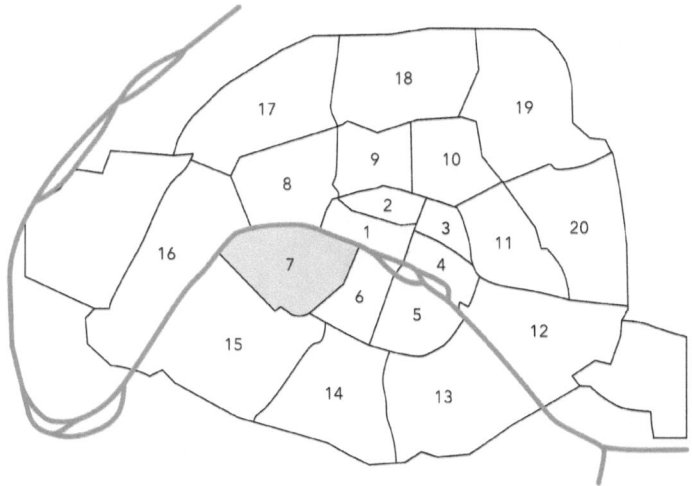

7. ARRONDISSEMENT
PALAIS BOURBON

Im 7. Pariser Arrondissement befindet sich das bekannteste Wahrzeichen von Paris, der Eiffelturm. Er wurde anlässlich der Weltausstellung 1889 zur Erinnerung an den 100. Jahrestag der französischen Revolution erbaut und sollte als Eingangsportal und Aussichtsturm dienen. Aufgrund der vielen Sehenswürdigkeiten ist das 7. Arrondissement ein beliebtes Ziel für Touristen und neben dem 8. Arrondissement das zweite politische Zentrum der Stadt. Hier befindet sich der Invalidendom, in dem Napoléon seine letzte Ruhestätte fand, das »Hôtel Matignon«, der Amtssitz des Premierministers und der »Palais Bourbon«, der Sitz der Nationalversammlung. Das »Musée d'Orsay«, ein anlässlich der Weltausstellung errichteter ehemaliger Bahnhof, ist heute ein Kunstmuseum.

SEHENSWÜRDIGKEITEN

- La Tour Eiffel
- Champ de Mars
- École Militaire
- Hôtel des Invalides
- Musée d'Orsay
- Musée du Quai Branly
- Assemblée Nationale
- Palais Bourbon
- Musée Rodin
- Unesco
- Hôtel Matignon

Le Jules Verne

Tour Eiffel, Avenue Gustave Eiffel, 75007 Paris
Tel. 01 45 55 61 44 | Métro: Bir-Hakeim, RER: Champ de Mars – Tour Eiffel
www.lejulesverne-paris.com

DER MANN VOM EIFFELTURM

Inspektor Maigret (Charles Laughton) hat einen Mord aufzuklären. Er wird vom Lebenskünstler Johann Radek (Franchot Tone) zum Frühstück auf den Eiffelturm eingeladen. Radek macht sich mit seiner neugierigen und arroganten Art mehr und mehr verdächtig, auch da er über offenbar geheime Informationen verfügt. Anmerkung: Bei den Dreharbeiten existierte das Restaurant »Le Jules Verne« auf dem Eiffelturm noch nicht.

USA|F 1949
R: Burgess Meredith
K: Stanley Cortez
D: Charles Laughton, Franchot Tone, Burgess Meredith, Robert Hutton, Jean Wallace u.a.
L: 97 Min. DVD: Aventi

DIE ENTHÜLLUNG

Während der brillante Anwalt Paul Sénanques (Gérard Depardieu) einen Skandal um den Manager Pervillard provoziert, lädt Franchet (Daniel Colas) die geschiedene PR-Managerin Sacha Vernakis (Nathalie Baye) zum Dinner in das Restaurant »Le Jules Verne« auf den Eiffelturm ein. Dort gibt er ihr zu verstehen, dass er den Vertrag nur unterzeichnen wird, wenn sie dafür mit ihm schläft.

F 1984
R: Philippe Labro
K: Pascal Marti
D: Gérard Depardieu, Nathalie Baye, Carole Bouquet, Bernard Fresson u.a. L: 105 Min.
V: Hachette-Fox (F)

JAMES BOND – IM ANGESICHT DES TODES

UK|USA 1985
R: John Glen
K: Alan Hume
D: Roger Moore,
Grace Jones,
Tanya Roberts,
Christopher Walken,
Patrick Macnee u.a.
L: 125 Min DVD|
Blu-ray: 20th Century Fox

Im Restaurant des Pariser Eiffelturms treffen sich James Bond (Roger Moore) und Mister Aubergine (Jean Rougerie). 007 erhofft, von Aubergine Informationen über den Großindustriellen Max Zorin zu erhalten. Dieser kam als Wunderkind zur Welt, nachdem ein deutscher Arzt im Zweiten Weltkrieg in einem Konzentrationslager Präparate an den Embryonen schwangerer Frauen ausprobierte. Während einer Zaubernummer wird Aubergine allerdings plötzlich von Zorins Handlangerin May Day (Grace Jones) mittels einer Schmetterlingsangel mit Gifthaken ermordet.

LITTLE INDIAN

F 1994
R: Hervé Palud
K: Fabio Conversi
D: Thierry Lhermitte,
Patrick Timsit, Ludwig
Briand, Miou-Miou
Arielle Dombasle u.a.
L: 86 Min. DVD: Universum

Stéphane Marchadot (Thierry Lhermitte) fährt in den Amazonas, um die Scheidung von seiner Frau Patricia (Miou-Miou) zu regeln, da er neu heiraten möchte. Dort erfährt er zu seiner Überraschung, dass er einen Sohn hat. Als er den unzivilisierten Mimi-Siku (Ludwig Briand) mit zu sich nach Paris nimmt, klettert dieser auf den Eiffelturm und überrascht asiatische Touristen beim Essen.

Le Vauban

7 place Vauban, 75007 Paris
Tel. 01 47 05 52 67 | Métro: Saint-François-Xavier
www.le-vauban.wysifeed.fr

DER HERR MIT DEN MILLIONEN

Solange (Martine Carol) wartet auf der Terrasse des »Le Vauban« auf den Autohändler Éric (Franck Villard). Dieser plant, gemeinsam mit einem Finanzier und einem ehemaligen Bordellbesitzer in die Falschgeldbranche einzusteigen. Dafür benötigen sie die Unterstützung des alten Fälschers Ferdinand Maréchal (Jean Gabin), der sich inzwischen mit seinem Vermögen in Südamerika zur Ruhe gesetzt hat.

F|I 1961
R: Gilles Grangier
K: Louis Page
D: Jean Gabin, Martine Carol, Françoise Rosay, Bernard Blier, Franck Villard Maurice Biraud u.a. L: 97 Min. V: Gloria

Les Ombres

27 quai de Branly, 75007 Paris
Tel. 01 47 53 68 11 | Métro: Alma-Marceau, RER: Pont de l'Alma
www.lesombres-restaurant.com

F 2009
R: Danièle Thompson
K: Jean-Marc Fabre
D: Karin Viard, Dany
Boon, Marina Foïs,
Emmanuelle Seigner,
Patrick Bruel u.a.
L: 196 Min.
DVD: Prokino|EuroVideo

AFFÄREN À LA CARTE

Die Scheidungsanwältin ML (Karin Viard) vertritt ihren guten Freund Lucas (Christopher Thompson) bei der Scheidung von seiner gelangweilten Frau Sarah (Emmanuelle Seigner). Was ML allerdings noch nicht weiß, ist, dass Lucas gerade herausgefunden hat, dass Sarah ihn betrügt. Ihr Liebhaber ist ausgerechnet Piotr (Dany Boon), der arbeitslose Ehemann von ML. Über eine gynäkologische Untersuchung erfährt ML zudem, dass sie schwanger ist.

Hôtel Cayré

4 boulevard Raspail, 75007 Paris
Tel. 01 45 44 38 88 | Métro: Rue du Bac
www.kkhotels.com/hotels/paris

DIE NEUN PFORTEN

Der New Yorker Antiquar und »Buch-Detektiv« Dean Corso (Johnny Depp) ist auf die Beschaffung seltener Bücher spezialisiert. Er wird von dem exzentrischen Millionär und Sammler Boris Balkan (Frank Langella) beauftragt, zwei von drei Exemplaren des Buches »Die neun Pforten ins Reich der Schatten« ausfindig zu machen. Diese beschreiben den Weg, wie man den Teufel herbeirufen kann. Seine Recherche führt ihn u.a. nach Paris, wo er in diesem Hotel wohnt.

E|F|USA 1999
R: Roman Polanski
K: Darius Khondji
D: Johnny Depp, Frank Langella, Lena Olin, Emmanuelle Seigner, Barbara Jefford u.a.
L: 133 Min. DVD| Blu-ray: StudioCanal

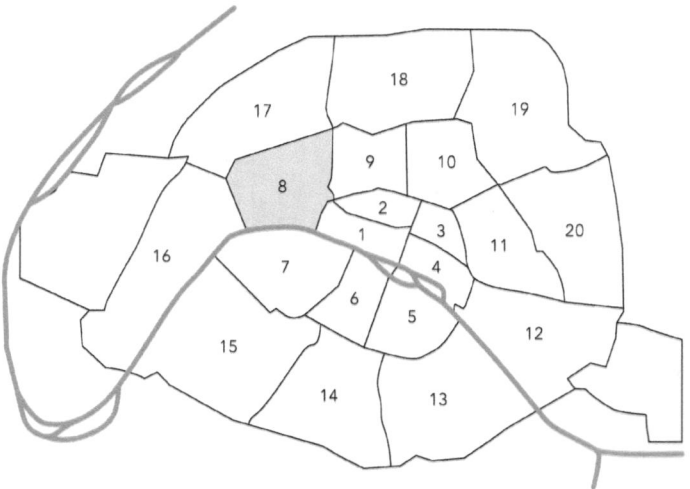

8. ARRONDISSEMENT
ÉLYSÉE

Das 8. Arrondissement ist das politische Zentrum Frankreichs, in dem sich auch das Geschäftsleben konzentriert. Hier befinden sich die beiden Prachtstraßen »Avenue des Champs-Élysées« und »Rue du Faubourg Saint-Honoré«. Die berühmten Champs-Élysées enden mit der Einmündung in den »Place Charles-de-Gaulle« mit dem monumentalen Triumphbogen. Dieser ist Ausgangs- und Endpunkt für Feiern und Paraden. Zu den alteingesessenen und gleichzeitig prestigeträchtigsten sowie luxuriösesten Unternehmen der Champs-Élysées zählen der Parfümhersteller Guerlain, das Restaurant »Le Fouquet's« und das Revuetheater Lido. Das »Palais de l'Élysée« in der »Rue du Faubourg Saint-Honoré« ist der Amtssitz des französischen Präsidenten. Daneben befinden sich das Innenministerium sowie zahlreiche Botschaften und internationale Medienbüros.

SEHENSWÜRDIGKEITEN
- Palais de l'Élysée
- Avenue des Champs-Élysées
- Arc de Triomphe
- Place de la Concorde
- Pont Alexandre III
- Le Grand Palais
- Pont de l'Alma
- Parc Monceau
- Église de la Madeleine
- Palais de la Découverte

Le Fouquet's

99 avenue des Champs-Élysées, 75008 Paris
Tel. 01 40 69 60 50 | Métro: George V
www.lucienbarriere.com

INSPEKTOR LOULOU – DIE KNALLSCHOTE VOM DIENST

Michel Clément (Coluche) hat seinem Vater am Sterbebett versprochen, später auch Polizist zu werden. Er besteht als Schlechtester seine Prüfung als Polizeiinspektor mit den Worten: »Dank der Nachsicht der Jury sowie im Gedenken an die Verdienste seines Vaters für die Nation«. Dies will er sogleich mit seiner Mutter Marthe (Marthe Villalonga) feiern, die im »Le Fouquet's« als Toilettenfrau arbeitet.

F 1980
R: Claude Zidi
K: Henri Decaë
D: Coluche, Gérard Depardieu, Dominique Lavanant, Julien Guiomar, Alain Mottet, Francois Perrot, Jean Bouchaud u.a. L: 100 Min.
DVD: Ufa|Universum

F 1994
R: Michel Blanc
K: Eduardo Serra
D: Michel Blanc, Carole
Bouquet, Philippe
Noiret, Josiane Balasko,
Marie-Anne Chazel,
Charlotte Gainsbourg,
David Hallyday,
Mathilda May, Roman
Polanski u.a. L: 81 Min.
DVD: Gaumont (F)

GROSSE FATIGUE

Die beiden Schauspieler Michel Blanc (als Michel Blanc) und Philippe Noiret (als Philippe Noiret) wollen einen Drink im »Le Fouquet's« zu sich nehmen. Dort wird allerdings gerade ein Film von Roman Polanski gedreht. Als Polanski (als Roman Polanski), an der Bar sitzend, die beiden das Lokal betreten sieht, bietet er ihnen spontan jeweils eine kleine Rolle als Statist in seinem neuen Film an.

F|B 2009
R: Lucas Belvaux
K: Pierre Milon
D: Yvan Attal, Anne
Consigny, Françoise
Fabian, Alex Descas
u.a. L: 121 Min.
DVD|Blu-ray: Universum

LÖSEGELD – WIE VIEL IST DEIN LEBEN WERT?

André Peyrac (André Marcon), der Stellvertreter des Großindustriellen Stanislav Graff (Yvan Attal) erhält einen Brief von den Entführern von Graff. Er wird in ein Restaurant gebeten, wo er wiederum einen Telefonanruf erhält. Es wird ihm eine neue Lösegeldforderung über 30 Millionen Euro mitgeteilt, mit dem Hinweis, diesmal keine Tricks zu versuchen.

Fauchon

30 place de la Madeleine, 75008 Paris
Tel. 01 70 39 38 00 | Métro: Madeleine
www.fauchon.com

LA BALANCE – DER VERRAT

Der ehemalige Gangster Dédé Laffont (Philippe Léotard) trifft sich mit seiner Freundin Nicole (Nathalie Baye), die als Prostituierte arbeitet, bei »Fauchon«. Er bringt ihr rote Rosen mit. Aber auch Nicole hat eine Überraschung für ihren Dédé: einen Kaschmir-Pullover. Als dieser das Geschenk sofort errät und erwähnt, dass im Moment Sommer ist, antwortet sie: »Harte Jungs gehen nicht mit der Mode.«

F 1982
R: Bob Swaim
K: Bernard Zitzermann
D: Richard Berry,
Nathalie Baye, Philippe
Léotard, Maurice Ronet,
Claude Villiers, Tchéky,
Christophe Malavoy
L: 100 Min. DVD: TF1 (F)

Le Saint Augustin

114 boulevard Haussmann, 75008 Paris
Tel. 01 43 87 40 55 | Métro: Saint-Augustin
www.lesaintaugustin.fr

F 1972
R: Eric Rohmer
K: Néstor Almendros
D: Bernard Verley,
Zouzou, Francoise
Verley, Daniel Ceccaldi,
Malvina Penne u.a.
L: 93 Min. DVD: Arthaus

DIE LIEBE AM NACHMITTAG

Frédéric (Bernard Verley), der mit seinem Partner Gérard (Daniel Ceccaldi) ein gut laufendes Büro führt, trifft in der Mittagspause zufällig einen Bekannten. Frédéric erzählt diesem, dass es zum Angenehmen in Paris gehöre, dort zu jeder Tageszeit Menschen auf der Straße antreffen zu können, während es für ihn nichts Fürchterlicheres und Deprimierenderes gäbe als Nachmittage in der Provinz.

Restaurant Lasserre

17 avenue Franklin Delano Roosevelt, 75008 Paris
Tel. 01 43 59 02 13 | Métro: Franklin D. Roosevelt
www.restaurant-lasserre.com

GARÇON! KOLLEGE KOMMT GLEICH

Der alternde Alex (Yves Montand), Chef de rang in einem großen Pariser Restaurant, träumt davon, auf seinem Grundstück am Meer einen Vergnügungspark für Kinder zu eröffnen. Seine ältere Freundin Gloria will ihn finanziell unterstützen. Als einer seiner Arbeitskollegen im Pferdelotto gewinnt, feiern sie das Ereignis bei einem Besuch im exklusiven »Restaurant Lasserre«.

F 1983
R: Claude Sautet
K: Jean Boffety
D: Yves Montand,
Nicole Garcia, Jacques
Villeret, Rosy Varte,
Dominique Laffin,
Bernard Fresson, Yves
Robert u.a. L: 102 Min.
DVD: Universum

Le Laurent

41 avenue Gabriel, 75008 Paris
Tel. 01 42 25 00 39 | Métro: Champs-Élysées – Clémenceau, Franklin D. Roosevelt
www.le-laurent.com

USA 1979
R: David Lowell Rich
K: Philip H. Lathrop
D: Alain Delon, Susan Blakely, Robert Wagner, Sylvia Kristel, George Kennedy, David Warner u.a. L: 113 Min.
DVD: Universal

AIRPORT '80 – DIE CONCORDE

Der Journalistin Maggie Whelan (Susan Blakely) wurde unter dramatischen Umständen brisantes Material zugespielt. Demzufolge ist die Firma ihres Geliebten Kevin Harrison (Robert Wagner), dem Vorsitzenden des Rüstungskonzerns Harrison Industries, in illegale Waffengeschäfte verwickelt, die von der Führungsetage abgesegnet wurden.

Lucas Carton

9 place de la Madeleine, 75008 Paris
Tel. 01 42 65 22 90 | Métro: Madeleine
www.lucascarton.com

HEREAFTER – DAS LEBEN DANACH

Die Journalistin Marie Lelay (Cécile de France) beschließt, während der Arbeit an einem Buch über François Mitterrand, eine Pause einzulegen. Kurz zuvor ist sie in ihrem Urlaub nur knapp einer Tsunami-Katastrophe entkommen. Seit ihrer Nahtoderfahrung setzt sie sich mit dem Thema Sterblichkeit auseinander. Sie fragt ihren Kollegen Didier (Thierry Neuvic), ob er an ein Leben nach dem Tod glaubt.

USA|UK 2010
R: Clint Eastwood
K: Tom Stern
D: Matt Damon, Cécile de France, Frankie McLaren u.a. L: 124 Min.
DVD|Blu-ray: Warner

Pershing Hall

49 rue Pierre Charron, 75008 Paris
Tel. 01 58 36 58 00 | Métro: George V, Alma – Marceau
www.pershinghall.com

F 2010
R: Guillaume Canet
K: Ch. Offenstein
D: François Cluzet,
Marion Cotillard, Benoît
Magimel, Gilles
Lellouche, Jean Dujardin
u.a. L: 154 Min. DVD|
Blu-ray: Tobis|Universal

KLEINE WAHRE LÜGEN

Der verheiratete Vincent (Benoît Magimel) erklärt seinem ebenfalls verheirateten Freund Max (François Cluzet) seine besonderen Gefühle für ihn. Er glaube, dass er Max wirklich liebt, ohne allerdings homosexuell zu sein. Deshalb möchte er seinen Freund auch um einen Rat bitten. Max aber weiß nicht, was er von diesem Geständnis halten soll und verlässt aufgewühlt seinen Platz.

Le Baron

6 avenue Marceau, 75008 Paris
Tel. 01 47 20 04 01 | Métro: Alma – Marceau
www.lebaronparis.fr

KLEINE WAHRE LÜGEN

Ludo (Jean Dujardin) verlässt in den Morgenstunden einen Nachtclub und hat kurz darauf einen Motorradunfall. Obwohl er mit dem Tode ringend im Kranken-haus liegt, entschließt sich seine Freundesclique um den Restaurantbesitzer Max (François Cluzet) und dessen Ehefrau, den alljährlichen gemeinsamen Urlaub in ihrem Strandhaus in Cap Ferret zu verbringen.

F 2010
R: Guillaume Canet
K: Ch. Offenstein
D: François Cluzet,
Marion Cotillard, Benoît
Magimel, G. Lellouche,
Jean Dujardin u.a.
L: 154 Min. DVD|
Blu-ray: Tobis|Universal

Le Club 13

15 avenue Hoche, 75008 Paris
Tel. 01 44 13 11 33 | Métro: Courcelles
www.club13.fr

F|I 1972
R: Claude Lelouch
K: Jean Collomb
D: Lino Ventura,
Jacques Brel, Charles
Denner, Johnny
Hallyday, Charles
Gérard u.a. L: 120 Min.
DVD: Warner|Black Hill

DIE ENTFÜHRER LASSEN GRÜSSEN

Die Methoden der fünf Gauner Simon Duroc (Charles Denner), Jacques (Jacques Brel), Lino Massara (Lino Ventura), Aldo (Aldo Maccione) und Charlot (Charles Gérard) sind in die Jahre gekommen und es wird Zeit, diese zu modernisieren. Deshalb nehmen sie Unterricht in politischer Bildung. Anmerkung: Besitzer der Lokalität »Le Club 13« ist Claude Lelouch.

Mollard

115 rue Saint-Lazare, 75008 Paris
Tel. 01 43 87 50 22 | Métro: Saint-Lazare, RER: Haussmann – Saint-Lazare
www.mollard.fr

LAUTREC – DER MALER VON MONTMARTRE

Vincent van Gogh (Karel Vingerhoets), Suzanne Valadon (Elsa Zylberstein) und Henri de Toulouse-Lautrec (Régis Royer) sehen sich die Bilder alter japanischer Meister an. Suzanne schlägt Henri vor, gemeinsam ein Bild zu malen. Er entgegnet: »Schau Dir das an! Die alten japanischen Meister weisen uns den richtigen Weg: raffinierteste Farben, aber leuchtend wie Reklameschilder.«

F|E 1998
R: Roger Planchon
K: Gérard Simon
D: Régis Royer, Elsa Zylberstein, Anémone, Claude Rich, Hélène Babu u.a. L:122 Min.
DVD: Alamode

Maxim's

3 rue Royale, 75008 Paris
Tel. 01 42 65 27 94 | Métro: Concorde, Madeleine
www.maxims-de-paris.com

ARSÈNE LUPIN, DER MILLIONENDIEB

Die deutsche Baronesse Mina von Kraft (Liselotte Pulver) besucht Paris und dort das »Maxim's«, ohne zuvor einen Tisch reserviert zu haben. Als sie einen freien Tisch entdeckt, weist der Kellner sie darauf hin, dass dieser bereits für André Laroche (Robert Lamoureux), eine einflussreiche Pariser Persönlichkeit mit Kontakten zu hohen Staatsmännern, reserviert sei. Sie besteht trotzdem darauf, dort Platz zu nehmen und gibt sich einfach als gute Freundin von ihm aus.

F|I 1956
R: Jacques Becker
K: Edmond Séchan
D: Robert Lamoureux,
Liselotte Pulver,
O.E. Hasse u.a.
L: 104 Min. DVD|Blu-ray:
Great Movies|Indigo

GIGI

Paris um 1900. Der betuchte Junggeselle Gaston Lachaille (Louis Jourdan) sah in der jungen Gigi (Leslie Caron) bisher nur ein kleines, nicht ernstzunehmendes Kind. Nach dem Willen ihrer Großmutter und der Großtante soll Gigi als Kurtisane ausgebildet werden. Gaston führt Gigi (Leslie Caron) in die Pariser Gesellschaft ein. Der Abend im »Maxim's« verläuft einigermaßen amüsant, die beiden tanzen und Gigi erhält als Geschenk ein Schatulle mit einem kostbaren Armband von ihm.

USA 1958
R: Vincente Minnelli
K: Joseph Ruttenberg,
Ray June D: Leslie
Caron, Louis Jourdan,
Maurice Chevalier u.a.
L: 115 Min.
DVD|Blu-ray: Warner

CHÉRI – EINE KOMÖDIE DER EITELKEITEN

UK|F|D 2009
R: Stephen Frears
K: Darius Khondji
D: Michelle Pfeiffer,
Tom Burke, Rupert
Friend, Kathy Bates u.a.
L: 92 Min. DVD:EuroVideo

Der Müßiggänger und verwöhnte Sohn einer Kurtisane (Kathy Bates) Chéri (Rupert Friend) genoss seine Beziehung mit der älteren, geistreichen und weltgewandten Kurtisane Léa de Lonval (Michelle Pfeiffer). Inzwischen verheiratet mit der jungen Edmée (Felicity Jones) quält ihn die Sehnsucht nach seiner ehemaligen Geliebten Léa. Verzweifelt flüchtet Chéri (Rupert Friend) in die vertrauten Ablenkungen des »Maxim's«. Anschließend verbringt er die Nacht allein im Hôtel Régina.

E|USA 2011
R: Woody Allen
K: Darius Khondji
D: Owen Wilson,
Rachel McAdams, Kurt
Fuller, Mimi Kennedy,
Michael Sheen, Marion
Cotillard, Adrien Brody,
Kathy Bates u.a.
L: 94 Min. DVD|Blu-ray:
Concorde|EuroVideo

MIDNIGHT IN PARIS

Adriana (Marion Cotillard) und Gil (Owen Wilson) werden in dunkler Nacht von einem Paar aufgefordert, in ihre Kutsche zu steigen, um diese zu begleiten. Gemeinsam besuchen sie das »Maxim's« und befinden sich plötzlich in der Zeit der Belle Époque. Adriana, die diese Epoche ihrer eigenen Zeit, den 1920er-Jahren, vorzieht, ist überglücklich.

Crazy Horse

12 avenue George V, 75008 Paris
Tel. 01 47 23 32 32 | Métro: Alma – Marceau
www.lecrazyhorseparis.com

WAS GIBT'S NEUES, PUSSY?

Der Frauenheld und Redakteur eines Pariser Modemagazins Michael James (Peter O'Toole) sieht sich eine Show im Nachtclub »Crazy Horse« an. Anschließend kann er sich vor Begeisterung nicht mehr zurückhalten und legt selbst einen halben Striptease auf der Tanzfläche hin. Die anderen Tanzenden heizen ihn an und applaudieren ihm mit Begeisterung.

F|USA 1965
R: Clive Donner,
Richard Talmadge
K: Jean Badal
D: Peter Sellers,
Peter O'Toole, Romy
Schneider, Capucine,
Paula Prentiss, Woody
Allen, Ursula Andress
u.a. L: 104 Min.
DVD: 20th Century Fox

F 1983
R: Alain Delon, Robin
Davis K: Jean Tournier
D: Alain Delon, François
Périer, Pierre Mondy,
Anne Parillaud, Andréa
Ferréol u.a. L: 121 Min.
DVD: Concorde

DER KÄMPFER

Jacques Darnay (Alain Delon), der nach dem Überfall auf einen Juwelierladen, bei dem auch ein Mann erschossen wurde, jahrelang im Gefängnis saß, setzt sich direkt nach seiner Freilassung mit seiner ehemaligen Freundin Clarisse (Marie-Christine Descouard) in Verbindung. Wieder vereint, holt er sie von ihrem Arbeitsplatz ab. Sie arbeitet als Garderobiere im Nachtlokal »Crazy Horse«.

F|USA 2014
R: Joseph McGinty Nichol
K: Thierry Arbogast
D: Amber Heard, Kevin
Costner, Hailee Steinfeld,
Connie Nielsen, Marc
Andréoni u.a. L:116 Min.
DVD|Blu-ray: Universum

3 DAYS TO KILL

Die Agentin Vivi (Amber Heard) hat eine Verabredung mit CIA-Agent Ethan Renner (Kevin Costner) im »Crazy Horse«. Während auf der Bühne eine erotische Performance stattfindet, verabreicht sie ihm eine neue Injektion des experimentellen Medikaments, das sein Leben verlängern könnte. Sie weist ihn darauf hin, dass seine Kleidung für den nächsten Auftrag unmöglich sei und besorgt ihm kurzerhand ein elegantes Jacket.

Lido de Paris

116 bis avenue des Champs-Élysées, 75008 Paris
Tel. 01 40 76 56 10 | Métro: George V
www.lido.fr

EIN IRRER TYP

F 1977
R: Claude Zidi
K: Claude Renoir
D: Jean-Paul Belmondo,
Raquel Welch,
Dany Saval,
Aldo Maccione u.a.
L: 96 Min.
DVD: StudioCanal

Mike Gaucher (Jean-Paul Belmondo) und Jane Gardner (Raquel Welch) sind erfahrene Stuntleute. Beide sind auch ein Paar, aber nicht verheiratet. Als Jane, weil sie sich über Mike ärgert, seine Einladung ausschlägt, da sie lieber mit Sergio Campanese (Aldo Maccione) ins »Lido« gehen möchte, reagiert er prompt. Er verkleidet sich als Bruno Ferrari (Jean-Paul Belmondo), einen Schauspieler, den er als Stuntman bei seiner Arbeit doubled. In dieser Aufmachung erscheint er ebenfalls im Lido und gesellt sich zu Jane und Sergio Campanese.

EINE FÜR ALLE

F 1999
R: Claude Lelouch
K: Eric Peckre,
D: Anne Parillaud,
Jean-Pierre Marielle,
Alice Evans u.a. L: 120 Min.
DVD: Black Hill|Warner

Die hübschen aber erfolglosen Theater-Schauspielerinnen Olga, Irina und Macha (Anne Parillaud, Marianne Denicourt, Alice Evans) sind Freundinnen und müssen sich mit Nebenjobs durchs Leben schlagen. Mit großer Kühnheit planen sie gemeinsam, reiche Männer auszunehmen. Um ihr Vorhaben umzusetzen, geben sie sich als Nachkommen berühmter Persönlichkeiten aus, die von ihren potenziellen Opfern verehrt werden.

Hôtel Le Bristol

112 rue du Faubourg Saint-Honoré, 75008 Paris
Tel. 01 53 43 43 00 | Métro: Madeleine
www.lebristolparis.com

ZWEI UNGLEICHE SCHWESTERN

F 2004
R: Alexandra Leclère
K: Michel Amathieu
D: Isabelle Huppert,
Catherine Frot, François
Bérleand, Brigitte
Catillon u.a. L: 93 Min.
DVD: Alamod Film|Al!ve

Die lebensfrohe und in der Provinz lebende Kosmetikerin Louise (Catherine Frot) hat einen Liebesroman geschrieben. Der renommierte Pariser Verlag »Éditions Grasset« lädt sie zu einem Gespräch ein. Louise nutzt die Gelegenheit, um einige Tage mit ihrer in großbürgerlichen Verhältnissen lebenden Schwester Martine (Isabelle Huppert) zu verbringen. Aber die frustrierte Martine kann sich über das Glück ihrer Schwester einfach nicht freuen.

MIDNIGHT IN PARIS

E|USA 2011
R: Woody Allen
K: Darius Khondji
D: Owen Wilson,
Rachel McAdams, Kurt
Fuller, Mimi Kennedy,
Michael Sheen, Marion
Cotillard, Adrien Brody,
Kathy Bates u.a.
L: 94 Min. DVD|Blu-ray:
Concorde|EuroVideo

Da der Hollywood-Drehbuchautor Gil (Owen Wilson) diverse Probleme mit seinem ersten Roman hat, schlägt seine Verlobte Ines (Rachel McAdams) ihm vor, ihren alten Freund Paul Bates (Michael Sheen) um Rat zu bitten. Gil aber entgegnet, dass er nur Probleme mit dem Roman hat, da er ein Hollywood-Schreiberling ist, der sich bisher nie an echter Literatur versucht hat.

Hôtel de Crillon

10 place de la Concorde, 75008 Paris
Tel. 01 44 71 15 00 | Métro: Concorde
www.crillon.com

DIE ENTHÜLLUNG

Einige Wochen, nachdem die PR-Managerin Sacha Vernakis (Nathalie Baye) die Einladung des erfolgreichen Society-Rechtsanwaltes Paul Senanques (Gérard Depardieu) ausgeschlagen hat, sieht sie im Fernsehen eine Sendung mit ihm. Beeindruckt von seinem Talent, entschließt sie sich, ihn doch zu treffen. Beide verbringen ihre erste Liebesnacht im »Hôtel de Crillon«.

F 1984
R: Philippe Labro
K: Pascal Marti
D: Gérard Depardieu, Nathalie Baye, Carole Bouquet, Bernard Fresson, Charlotte de Turckheim u.a. L: 105 Min.
V: Hachette-Fox (F)

F 1996
R: Francis Veber
K: Luciano Tovoli
D: Jean Reno, Patrick
Bruel, Harrison Lowe,
Patricia Velasquez,
Danny Trejo, Roland
Blanche, François
Perrot u.a. L: 99 Min.
DVD: StudioCanal

JAGUAR

Der Schamane Wanù (Harrison Lowe) aus dem südamerikanischen Regenwald besucht in Begleitung des Weltenbummlers Jean Campana (Jean Reno) Paris. Im Fahrstuhl des Luxushotels »Hôtel de Crillon« trifft Wanù auf den Hochstapler und Playboy François Perrin (Patrick Bruel), für den er sofort eine besondere Affinität empfindet.

MÄNNER UND FRAUEN – EINE GEBRAUCHSANLEITUNG

F 1996
R: Claude Lelouch
K: Philippe Pavans de
Ceccatty D: Bernard
Tapie, Fabrice Luchini,
Alessandra Martines,
Pierre Arditi, Ophélie
Winter, Anouk Aimée u.a.
L: 122 Min. DVD: more2c

Der Frauenheld und schwerreiche Unternehmer Benoît Blanc (Bernard Tapie) verbringt die Nacht mit einer jungen Frau (Ophélie Winter) in der Königssuite vom »Hôtel de Crillon«. Da sie am nächsten Tag das Zimmer erst nach zwölf Uhr verlassen, werden ihnen zwei Nächte berechnet. Spontan spricht Benoît zwei Straßenmusiker an, ob diese das bereits bezahlte Zimmer nutzen möchten. Auf ihre Frage hin, wieso er das tut, antwortet er: »Weil ich Verschwendung hasse und außerdem mag ich großartige Stimmen.«

Four Seasons Hôtel George V

31 avenue George V, 75008 Paris
Tel. 01 49 52 70 00 | Métro: George V, Alma – Marceau
www.fourseasons.com

DER MANN VOM EIFFELTURM

Der Amerikaner Bill Kirby (Robert Hutton) wohnt mit seiner Ehefrau Helen (Patricia Roc) im »Hôtel George V«. Auch seine Geliebte Edna (Jean Wallace), die er heiraten möchte, befindet sich in Paris. Während ihres Aufenthaltes wird plötzlich die reiche und ebenfalls in Paris lebende Tante von Bill Kirby ermordet. Inspektor Maigret (Charles Laughton) macht sich daran, den Mord aufzuklären.

USA|F 1949
R: Burgess Meredith
K: Stanley Cortez
D: Charles Laughton, Franchot Tone, Burgess Meredith, Robert Hutton, Jean Wallace u.a.
L: 97 Min. DVD: Aventi

DER TEUFEL UND DIE ZEHN GEBOTE

F|I 1962
R: Julien Duvivier
K: Roger Fellous
D: Fernandel, Micheline
Presle, Françoise Arnoul,
Michel Simon, Charles
Aznavour u.a. L: 120 Min.
DVD: Concorde

In der Episode »Tu ne tueras point« will ein junger angehender Priester, Denis Mayeux (Charles Aznavour), den Tod seiner Schwester rächen. Diese ist über eine Liebschaft mit Garigny (Lino Ventura) in die Prostitution und Drogenabhängigkeit gerutscht und hat sich schließlich aus Verzweiflung das Leben genommen. Denis erfährt, dass Garigny, wenn er in Paris ist, im »Hôtel George V« residiert und lauert ihm dort auf. Als Garigny das Hotel verlässt, verfolgt er ihn mit seinem Motorroller.

DER ANTIQUITÄTENJÄGER

I|F 1977
R: Edouard Molinaro
K: Jean Charvein,
Maurice Fellous
D: Alain Delon, Mireille
Darc, Mireille Guerritore,
Marie Déa, Christian
Barbier u.a. L: 91 Min.
DVD: StudioCanal (F)

Der Antiquitätenhändler Pierre Niox (Alain Delon) residiert im »Hôtel George V«. Immer auf der Jagd nach wertvollen Objekten, spielt sich sein Leben zwischen Ankauf, Verkauf, Auktionen und der Faszination für schöne Frauen ab, denen er nicht widerstehen kann. Der Amerikaner Freemann (Billy Kearns) besucht Niox im Hotel, um ihm ein wertvolles Manuskript abzukaufen.

FRENCH KISS

Die Amerikanerin Kate (Meg Ryan) versucht, ihren Verlobten Charlie (Timothy Hutton) in Paris ausfindig zu machen. Dieser hatte die Beziehung plötzlich mit der Aussage beendet, dass er sich in eine Pariserin verliebt hat. Während sie im »Hôtel George V« von einem Taschendieb (François Cluzet) becirct wird, sieht sie ihren Verlobten, sich mit seiner neuen Liebe leidenschaftlich küssend, im Fahrstuhl hinunterfahren.

UK|USA 1994
R: Lawrence Kasdan
K: Owen Roizman
D: Meg Ryan, Kevin Kline, Timothy Hutton, Suzan Anbeh, Jean Reno u.a. L: 111 Min.
DVD: Concorde

3 DAYS TO KILL

Der CIA-Agent Ethan Renner (Kevin Costner) lauert dem Buchhalter des »Albinos« im »Hôtel George V« auf. Kurz bevor er diesen überwältigen kann, meldet sich Renners Tochter Zoey (Hailee Steinfeld) plötzlich telefonisch bei ihm. Sie beschwert sich bei ihrem Vater, dass er nicht pünktlich zu ihrer Verabredung kommen würde und sie nicht auf ihn warten könne, da sie noch Hausaufgaben machen müsse. Renner erwidert kurzerhand, dass er schon auf dem Weg zu ihr sei und in fünf Minuten dort wäre.

F|USA 2014
R: Joseph McGinty Nichol
K: Thierry Arbogast
D: Kevin Costner, Amber Heard, Hailee Steinfeld, Connie Nielsen, Tomas Lemarquis, Richard Sammel, Marc Andreoni u.a. L: 116 Min. DVD| Blu-ray: Universum

Hôtel Plaza Athénée

25 avenue Montaigne, 75008 Paris
Tel. 01 53 67 66 55 | Métro: Alma – Marceau, Franklin D. Roosevelt
www.plaza-athenee-paris.com

F 1984
R: Philippe Labro
K: Pascal Marti
D: Gérard Depardieu,
Nathalie Baye, Carole
Bouquet, Charlotte de
Turckheim, Bernard
Fresson u.a. L: 105 Min.
V: Hachette-Fox (F)

DIE ENTHÜLLUNG

Der erfolgreiche und verheiratete Society-Rechtsanwalt Paul Senanques (Gérard Depardieu) soll einen Manager verteidigen, der angeklagt wird, Hilfsgüter für die Dritte Welt nach Kuba umgeleitet zu haben. Auf einem Empfang lernt er Sacha Vernakis (Nathalie Baye), die junge Mitarbeiterin einer PR-Agentur, kennen. Er lädt sie zum Frühstück ins »Plaza Athénée« ein, wartet dort aber vergeblich auf sie.

DIE NEUN PFORTEN

Dean Corso (Johnny Depp) fährt gemeinsam mit der geheimnisvollen Frau (Emmanuelle Seigner), die ihn wie ein Schutzengel begleitet, ins »Hôtel Plaza Athénée«. Dort versucht er, Liana Telfer (Léna Olin) aufzuspüren. Diese ist aber gerade dabei, das Hotel samt Gepäck zu verlassen. Um die Verfolgung aufnehmen zu können, organisiert Corsos Begleiterin kurzerhand einen schnellen Sportwagen.

E|F|USA 1999
R: Roman Polanski
K: Darius Khondji
D: Johnny Depp, Frank Langella, Lena Olin, Emmanuelle Seigner u.a. L: 133 Min.
DVD|Blu-ray: StudioCanal

WAS DAS HERZ BEGEHRT

Nachdem der alternde Womanizer Harry (Jack Nicholson) seinen Vollbart abrasiert hat, verlässt er das »Hôtel Plaza Athénée«, um die Theaterautorin Erica (Diane Keaton) mit seiner Anwesenheit in Paris zu überraschen. Von ihrer Tochter Marin (Amanda Peet), mit der er zuvor ein Verhältnis hatte, hat er erfahren, dass Erica ihren Geburtstag in Paris feiern will.

USA 2003
R: Nancy Meyers
K: Michael Ballhaus
D: Jack Nicholson, Diane Keaton, Keanu Reeves, Frances McDormand, Amanda Peet u.a. L: 128 Min.
DVD: Warner

RUSH HOUR 3

USA|D 2007
R: Brett Ratner
K: James Michael
Muro D: Chris Tucker,
Jackie Chan, Hiroyuki
Sanada, Yvan Atall, Max
von Sydow, Noémie
Lenoir u.a. L: 91 Min.
DVD|Blu-ray: Warner

Chief Inspector Lee (Jackie Chan) und Detective James Carter (Chris Tucker) sind in Paris. Nach einem Attentat auf Konsul Han (Tzi Ma) wollen sie dort gegen den potenziellen Drahtzieher der Aktion ermitteln. In Paris stoßen sie auf zahlreiche Hindernisse und finden sich auch nur schwer mit der französischen Kultur zurecht. Auch der Franzose Revi (Roman Polanski) vom französischen Geheimdienst hat eine persönliche Abneigung gegen die beiden Ausländer.

LE WEEKEND

F|UK 2013
R: Roger Michell
K: Nathalie Durand
D: Lindsay Duncan,
Jim Broadbent,
Jeff Goldblum u.a.
L: 93 Min. DVD: Prokino

Das britische Ehepaar Meg (Lindsay Duncan) und Nick (Jim Broadbent) verbrachte vor 30 Jahren seine Flitterwochen in Paris. Nun kommen sie für ein Wochenende zurück in die Stadt der Liebe. Meg hat die Knauserigkeit ihres Ehemannes satt und möchte aus ihrer Reise etwas Besonderes machen. Deshalb beharrt sie darauf, während ihres Aufenthalts im exklusiven, aber eigentlich für ihren finanziellen Rahmen unerschwinglichen »Hôtel Plaza Athénée« zu wohnen.

Le Royal Monceau

37 avenue Hoche, 75008 Paris
Tel. 01 42 99 88 00 | Métro: Charles de Gaulle – Étoile
www.leroyalmonceau.com

F 1981
R: Jean-Jacques Beinex
K: Philippe Rousselot
D: Wilhelmenia
Fernandez, Frédéric
Andréi, Richard
Bohringer, Thuy An
Luu, Jacques Fabbri
u.a. L: 123 Min.
DVD: StudioCanal

DIVA

Jules (Frédéric Andréi), ein junger Pariser Postbote, verehrt die Opernsängerin Cynthia Hawkins (Wilhelmenia Fernandez), im Film »Diva« genannt. Obwohl sie keine Aufnahmen ihrer Konzerte erlaubt, macht er heimlich einen Mitschnitt und stiehlt darüber hinaus noch ein Kleid aus ihrer Garderobe. Einige Zeit später besucht er sie in ihrem Hotel, um ihr das Kleid zurückzugeben.

F 1998
R: Nicole Garcia
K: Laurent Dailland
D: Catherine Deneuve,
Jean-Pierre Bacri,
Emmanuelle Seigner,
Jacques Dutronc, Bernard
Fresson u.a. L: 113 Min.
DVD: StudioCanal

PLACE VENDÔME – HEISSE DIAMANTEN

Um einen potenziellen Käufer für gestohlene Diamanten zu finden, klappert die ehemals talentierte Juwelenverkäuferin Marianne (Catherine Deneuve) Cafés, Hotels und Juwelenmärkte ab. Sie besucht die Freundin Sahila (Nidal Al-Ashkar) in ihrer Suite im »Hôtel Royal Monceau«. Doch leider teilt ihr Sahila mit, dass sie sich die Diamanten nicht leisten kann, da ihr monatlich lediglich 20.000 Schweizer Franken zur Verfügung stehen. Sie bietet Marianne dafür aber an, sich in ihrem Bekanntenkreis diskret für sie umzuhören.

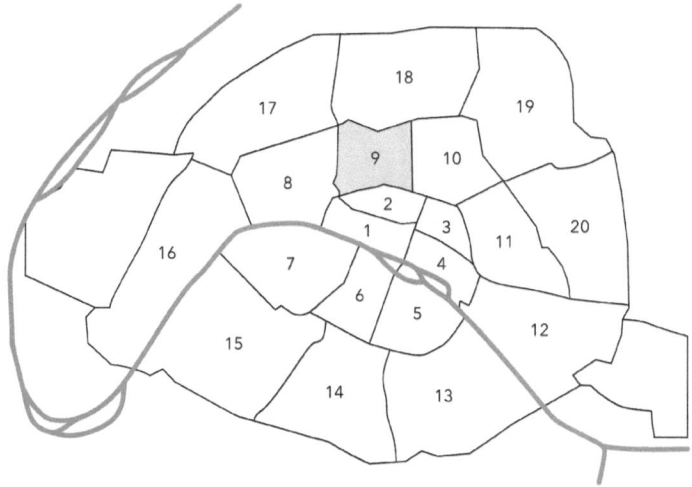

9. ARRONDISSEMENT
OPÉRA

Das 9. Pariser Arrondissement hat viele verschiedene Gesichter. Aufgrund seiner breit angelegten Boulevards mit prächtigen Bauten wird es auch »La Nouvelle Athènes« genannt. Hier befinden sich die Opéra Garnier und der Boulevard Haussmann mit den Kaufhäusern Magasins du Printemps und Galeries Lafayette. Ende des 19., Anfang des 20. Jahrhunderts spielte sich in »Opéra« das gesellschaftliche Leben des Großbürgertums ab. Das wiederum zog bedeutende Institutionen und Banken an. Im Norden grenzt das Arrondissement an das Vergnügungsviertel rund um den Place Pigalle und den Boulevard Clichy. Heute ein von Sexshops, Pornokinos und Spielhallen geprägter Rotlichtbezirk.

SEHENSWÜRDIGKEITEN

- L'Opéra Garnier
- L'Olympia
- Galeries Lafayette
- Magasins du Printemps
- Musée Grévin
- Musée Gustave Moreau
- Musée de la Vie Romantique
- La Trinité
- Le Marché Drouot
- Places Pigalle et de Clichy

Le Bouillon Chartier

7 rue du Faubourg-Montmartre, 75009 Paris
Tel. 01 47 70 86 29 | Métro: Grands Boulevards
www.bouillon-chartier.com

DIE SPAZIERGÄNGERIN VON SANS-SOUCI

Die Sängerin Elsa Wiener (Romy Schneider) arbeitet mit Charlotte (Dominique Labourier) in einem Cabaret. Sie erzählt ihr, dass sie den jungen Max (Wendelin Werner) vorübergehend bei ihrem Verehrer Maurice (Gérard Klein) unterbringen konnte. Kurz zuvor hat sie erfahren, dass ihr geliebter Ehemann Michel (Helmut Griem), ein deutscher Verleger, zu fünf Jahren Konzentrationslager verurteilt wurde. Sie selbst benötigte nun unbedingt Ruhe, um über alles nachzudenken.

F|D 1982
R: Jacques Rouffio
K: Jean Penzer
D: Romy Schneider,
Michel Piccoli, Mathieu
Carrière, Wendelin
Werner, Helmut Griem,
Gérard Klein, Maria
Schell u.a. L: 108 Min.
DVD: Universum

MATHILDE – EINE GROSSE LIEBE

Um vorzeitig aus dem Krieg zurückkehren zu können, bittet Elodie Gordes (Jodie Foster) Ehemann Benjamin (Jean-Pierre Darroussin) sie, ein Kind zu bekommen. Da er selbst leider zeugungsunfähig ist, soll sein bester Freund Bastoche (Jerôme Kircher) bei diesem Vorhaben für ihn einspringen. Nach einem ersten privaten Treffen von Elodie und Bastoche, um den gemeinsamen Plan umzusetzen, speisen beide gemeinsam.

F|USA 2004
R: Jean-Pierre Jeunet
K: Bruno Delbonnel
D: Audrey Tautou,
Gaspard Ulliel,
Marion Cotillard,
Jodie Foster u.a.
L: 128 Min. DVD: Warner

La Rotonde

2 place d'Estienne d'Orves, 75009 Paris
Tel. 01 48 74 23 91 | Métro: Trinité – d'Estienne d'Orves
www.larotondeparis.fr

F 2004
R: Yvan Attal
K: Rémy Chevrin
D: Johnny Depp,
Charlotte Gainsbourg,
Sébastian Vidal, Yvan
Attal, Chloé Combret u.a.
L: 100 Min. DVD: Lighthouse

HAPPY END MIT HINDERNISSEN

Vincent (Yvan Attal), der seine Ehefrau Gabrielle (Charlotte Gainsbourg) liebt, hat eine Geliebte, die er ebenfalls liebt. Als Gabrielle den gemeinsamen Sohn Joseph (Ben Attal) zur Schule bringt, erklärt sie ihm, dass man nicht mehrere Frauen gleichzeitig haben kann, weil man nicht mehrere Menschen auf einmal lieben kann. Anschließend, allein im Café, kann sie ihre Tränen nicht länger zurückhalten.

La Cloche d'Or

3 rue Mansart, 75009 Paris
Tel. 01 48 74 48 88 | Métro: Blanche, Pigalle
alaclochedorparis.fr

MY WAY – EIN LEBEN FÜR DAS CHANSON

Der berühmte französische Sänger Claude François (Jérémie Renier), in Frankreich auch »Cloclo« genannt, beklagt sich darüber, dass die ganze Welt ihn missversteht und hasst. Seine Probleme inspirieren ihn, genau darüber ein Lied zu schreiben: über den Unterschied zwischen dem Star Cloclo und dem wirklichen Menschen dahinter. Sein Chanson »Comme d'habitude« wird ein Hit.

F|B 2012
R: Florent-Emilio Siri
K: Giovanni Fiore Coltelacci D: Jérémie Renier, Benoît Magimel, Joséphine Japy, Ana Girardot u.a. L: 143 Min.
DVD: StudioCanal

Chez Moune

54 rue Jean-Baptiste Pigalle, 75009 Paris
Tel. 09 67 50 28 44
Métro: Pigalle

CHAOS

F 2001
R: Coline Serreau
K: Jean-François Robin
D: Catherine Frot, Rachida
Brakni, Vincent Lindon,
Aurélien Wilk L: 109 Min.
DVD:StudioCanal

Nachdem Paul (Vincent Lindon) und Hélène (Catherine Frot) Zeugen wurden, als die Prostituierte Noémie (Rachida Brakni) zusammengeschlagen wurde, fängt Hélène an, sich um diese zu kümmern. Im Club spielt Noémie ihrem Zuhälter Touki (Ivan Franek) vor, weiterhin drogenabhängig zu sein. Doch gleich, nachdem sie neue Drogen von ihm erhält, versteckt sie diese auf der Toilette.

Hôtel Amour – Le Restaurant

8 rue Navarin, 75009 Paris
Tel. 01 48 78 31 80 | Métro: Saint-Georges, Pigalle
www.hotelamourparis.fr

DAS VERFLIXTE 3. JAHR

Nach der Scheidung von seiner Frau durchlebt der Schriftsteller Marc Marronnier (Gaspard Proust) eine Krise und unternimmt einen Selbstmordversuch. Bei einer Beerdigung lernt er dann aber Alice (Louise Bourgoin) kennen, die Frau seines Cousins Antoine, und verliebt sich in sie. Als sich Alice bei ihrer ersten Verabredung verspätet, spielt Marc in Gedanken verschiedene Varianten ihres Erscheinens durch. In der Realität fragt sie ihn: »Erste Verabredung im Hotel Amour? Unterschwellige Botschaft?«

F|B 2011
R: Frédéric Beigbeder
K: Yves Capé
D: Gaspard Proust,
Louise Bourgoin, Joey
Starr, Jonathan Lambert,
Frédérique Bel u.a.
L: 100 Min.
DVD: Prokino|EuroVideo

Avenir Montmartre

39 boulevard de Rochechouart, 75009 Paris
Tel. 01 48 78 21 37 | Métro: Anvers
www.hotel-avenir.com

F 1968
R: François Truffaut
K: Denys Clerval
D: Jean-Pierre Léaud,
Delphine Seyrig,
Claude Jade, Michel
Lonsdale, Harry Max u.a.
L: 87 Min. DVD: StudioCanal

GERAUBTE KÜSSE

Bei seinem Job als Privatdetektiv arbeitet Antoine Doinel (Jean-Perre Léaud) als Undercover-Ermittler in einem Schuhgeschäft. Er verliebt sich in Fabienne Tabard (Delphine Seyrig), die Ehefrau des Klienten. Nachdem er der älteren Fabienne einen Brief geschrieben hat, besucht sie ihn in seinem Zimmer. Anmerkung: Die Szenen im Treppenhaus und Zimmer wurden in diesem Hotel gedreht.

Hôtel Langlois

63 rue Saint-Lazare, 75009 Paris
Tel. 01 48 74 78 24 | Métro: Trinité – d'Estienne d'Orves
www.hotel-langlois.com

DIE WAHRHEIT ÜBER CHARLIE

Aus dem Urlaub zurück in Paris erfährt Regina Lambert (Thandie Newton), dass ihr Mann ermordet wurde. Zuvor hat er alle Einrichtungsgegenstände der gemeinsamen Wohnung verkauft. Regina zieht in das »Hôtel Langlois«. Der Amerikaner Joshua Peters (Mark Wahlberg) unterstützt sie dabei. Im Hotelzimmer küssen sie sich zum ersten Mal. Anmerkung. Das ehemalige »Hôtel meublé des Croisés« wurde für den Film unbenannt und hat daraufhin seinen neuen Namen behalten.

USA|D 2002
R: Jonathan Demme
K: Tak Fujimoto
D: Thandie Newton,
Stephen Dillane, Mark
Wahlberg, Ted Levine,
Tim Robbins u.a.
L: 100 Min. DVD: Universal

Le Grand Hôtel Intercontinental

2 rue Scribe, 75009 Paris
Tel. 01 40 07 32 32 | Métro: Opéra
www.intercontinental.com

FRANTIC

Der amerikanische Kardiologe Richard Walker (Harrison Ford) und seine Frau Sondra (Betty Buckley) fahren zu einem Medizinkongress nach Paris. Nach ihrer Ankunft im »Grand Hôtel Intercontinental« stellen sie fest, dass ihre Koffer am Flughafen vertauscht wurden. Anmerkung: Eine Vielzahl der Szenen spielen im luxuriösen »Grand Hôtel Intercontinental«, dessen Innenräume in den Studios de Boulogne nachgebaut wurden.

USA|F 1987
R: Roman Polanski
K: Witold Sobocinski
D: Harrison Ford,
Emmanuelle Seigner,
Betty Buckley, John
Mahoney, James Ray
Weeks u.a. L: 120 Min.
DVD|Blu-ray: Warner

PRÊT-À-PORTER

Unter den zahlreichen Persönlichkeiten, die während der Pariser Modenschauen im »Grand Hôtel Intercontinental« wohnen, befindet sich auch die Journalistin Anne Eisenhower (Julia Roberts). Als diese in ihr Zimmer einchecken möchte, ist es allerdings schon belegt. Joe Flynn (Tim Robbins), ein Sportreporter, der kurzfristig beauftragt wurde, über die Modenschauen zu berichten, hat sich dort einquartiert und weigert sich hartnäckig, das Zimmer wieder zu räumen.

USA 1994
R: Robert Altman
K: Jean Lépine, Pierre Mignot
D: Julia Roberts,
Tim Robbins, Kim
Basinger, Sophia Loren,
Marcello Mastroianni,
Jean-Pierre Cassel,
Stephen Rea u.a.
L: 127 Min. DVD: StudioCanal

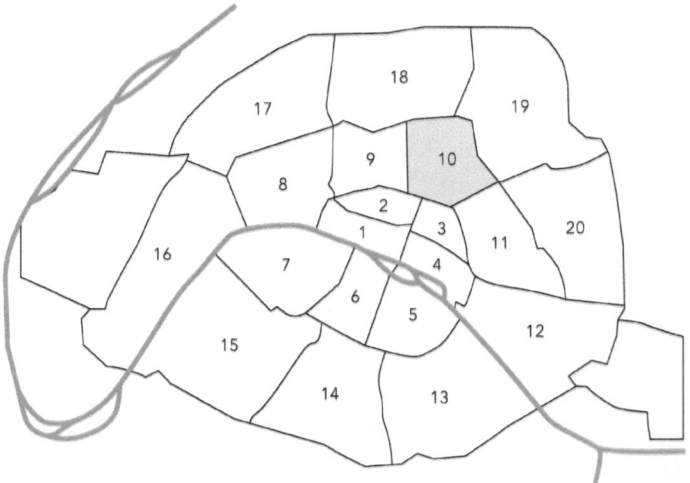

10. ARRONDISSEMENT

ENTREPÔT

Das 10. Pariser Arrondissement ist ein lebendiges und quirliges Viertel
mit multikulturellem Charakter. Hier befinden sich die beiden Bahnhöfe
»Gare du Nord« und »Gare de l'Est«. Der Kopfbahnhof »Gard du Nord«
ist der am meisten frequentierte Bahnhof Europas, an dem täglich etwa
eine halbe Million Fahrgäste ein- und aussteigen. Im Kontrast dazu findet man am »Canal Saint-Martin« einen eher dörflichen Charakter. Fünf
Schleusen im »Canal Saint-Martin« überwinden einen Höhenunterschied
von ca. 25 Metern. Diese werden hauptsächlich von Ausflugsschiffen und
Privatbooten genutzt. Der Kanal und seine Uferpromenaden sind bei Be-
suchern als Erholungsort sehr beliebt. Rund um den »Quai de Valmy«
herrscht eine entspannte Atmosphäre.

SEHENSWÜRDIGKEITEN

- Gare du Nord
- Canal Saint-Martin
- Église Saint-Laurent
- Église Saint-Vincent-de-Paul
- Théâtre de la Porte Saint-Martin
- Théâtre de la Renaissance
- Portes Saint-Martin et Saint-Denis
- Musée des Moulages Dermatologiques (Hôpital Saint-Louis)
- Passage du Prado
- Place de la République

Chez Adel

10 rue de la Grange aux Belles, 75010 Paris
Tel. 01 42 08 24 61
Métro: Jacques Bonsergent

HEUTE BIN ICH SAMBA

Samba Cassé (Omar Sy) hat die Wohnung seines Onkels verlassen, um sich mit Alice (Charlotte Gainsbourg) zu treffen. Vor der Tür wartet Issaka (Issaka Sawadogo) auf ihn. Obwohl Samba in Eile ist, fühlt er sich verpflichtet, mit ihm zu sprechen. Im Lokal »Chez Adel« zeigt Issaka seinen gefälschten Pass, in dem er Jonas Karanoto heißt. Als sie das Lokal verlassen und Samba friert, gibt Issaka ihm seine Jacke.

F 2014
R: Éric Toledano, Oliver Nakache
K: Stéphane Fontaine
D: Omar Sy, Charlotte Gainsbourg, Tahar Rahim, Izïa Higelin, Lya Kebede, Hélène Vincent u. a. L: 114 Min.
DVD|Blu-ray: Universum

L'Atmosphère

49 rue Lucien Sampaix, 75010 Paris
Tel. 01 40 38 09 21
Métro: Gare de l'Est, Jacques Bonsergent

F|UK 2005
R: Cédric Klapisch
K: Dominique Colin
D: Romain Duris, Kelly
Reilly, Audrey Tautou,
Cécile de France, Kevin
Bishop u.a. L: 124 Min.
DVD: Universum

L'AUBERGE ESPAGNOL – WIEDERSEHEN IN ST. PETERSBURG

William (Kevin Bishop) erzählt seinem Freund Xavier (Romain Duris), bei dem eine Affäre der anderen folgt, dass er bald heiraten wird. Er hat endlich seine große Liebe gefunden, eine russische Balletttänzerin namens Natascha (Evguenya Obraztsova) aus St. Petersburg. Damit er sich mit ihr verständigen kann, hat er extra ein Jahr lang Russisch gelernt.

Bar Pan

12 rue Martel, 75010 Paris
Tel. 01 42 46 10 83
Métro: Poissonnière

EIN AUGENBLICK LIEBE

Valérie (Stéphanie Murat) und Caro (Olivia Cote) vermuten, dass ihre Freundin Elsa (Sophie Marceau) eine Affäre mit dem verheirateten Strafverteidiger Pierre (François Cluzet) hat und mit diesem im Bett war. Elsa aber entgegnet, dass sie noch nie mit einem verheirateten Mann geschlafen hat und weder ein Leben zerstören noch falsche Hoffnungen wecken möchte. Sie fände dies erniedrigend für alle Beteiligten und hätte nicht einmal seine Telefonnummer.

F 2014
R: Liza Azuelos
K: Alain Duplantier
D: Sophie Marceau,
François Cluzet, Liza
Azuelos, Alexandre
Astier, Niels Schneider,
u.a. L: 81 Min.
DVD|Blu-ray: Al!ve

Chez Casimir

6 rue de Belzunce, 75010 Paris
Tel. 01 48 78 28 80
Métro: Gare du Nord, Poissonnière

F 2012
R: Pascal Bonitzer
K: Romain Winding
D: Jean-Pierre Bacri,
Kristin Scott Thomas,
Isabelle Carré, Marin
Orcand Tourrès, Claude
Rich, Arthur Igual u.a.
L: 100 Min. TV: arte

ZWISCHEN ALLEN STÜHLEN

Damien Hauer (Jean Pierre Bacri) trifft im »Chez Casimir« auf seine Freunde, die beim Schachspiel sitzen. Er fragt, was sie in einem Fall tun würden, wenn sie etwas machen sollen, das sie aber einfach nicht können. Er wurde nämlich von seiner Frau (Kristin Scott Thomas) beauftragt, seinen Vater (Claude Rich) um einen Gefallen zu bitten. Da er aber ein sehr schwieriges Verhältnis mit seinem Vater hat, einem einflussreichen Richter, schiebt er die Angelegenheit immer weiter hinaus.

Le Napoléon

73 rue du Faubourg Saint-Denis, 75010 Paris
Tel. 01 47 70 21 36
Métro: Château d'Eau

EINE FRAU IST EINE FRAU

Die junge Tänzerin Angela (Anna Karina), die unbedingt ein Kind haben möchte, betritt das Café »Le Napoléon« und bestellt einen Café crème an der Bar. Sie beobachtet einen anderen Gast und wählt an der Musikbox ein Chanson von Charles Aznavour. Sie fragt die Kellnerin nach der Uhrzeit und zwinkert in Richtung Kamera, während Aznavour die Textzeile singt: »Du bist so komisch anzusehen …« Im nächsten Augenblick verlässt sie schon wieder das Lokal.

F|I 1961
R: Jean-Luc Godard
K: Raoul Coutard
D: Anna Karina,
Jean-Paul Belmondo,
Jean-Claude Brialy,
Nicole Paquin,
C. Demongeot u.a.
L: 80 Min.
DVD: StudioCanal

Julien

16 rue du Faubourg Saint-Denis, 75010 Paris
Tel. 01 47 70 12 06 | Métro: Strasbourg – Saint-Denis
www.julienparis.com

LA VIE EN ROSE

F|UK|CZ 2007
R: Olivier Dahan
K: Tetsuo Nagata
D: Marion Cotillard,
Sylvie Testud, Pascal
Greggory, Emmanuelle
Seigner, Gérard
Depardieu u.a. L: 134 Min.
DVD: Constantin

Zurück aus Amerika feiert die exzentrische französische Chanson-Sängerin Édith Piaf (Marion Cotillard) ihren Erfolg. Etwas betrunken wünscht sie, dass alle Anwesenden sich gegenseitig küssen. Auch diejenigen, die sich nicht mögen. Sie verlangt Champagner auf Kosten des Hauses und will den Manager des Lokals sehen. Als dieser kommt und sie nach ihren Wünschen fragt, hat sie es sich plötzlich aber schon wieder anders überlegt. Nun fordert sie einen Ring – besetzt mit vielen Diamanten.

Brasserie Flo

7 cour des Petites-Écuries, 75010 Paris
Tel. 01 47 70 13 59 | Métro: Château d'Eau, Strasbourg – Saint-Denis
www.brasserieflo-paris.com

F|I|D 1972
R: Yves Boisset
K: Ricardo Aronovich
D: Jean-Louis Trintignant,
Jean Seberg, Michel
Piccoli, Michel Bouquet,
Bruno Cremer,
Philippe Noiret, Gian
Maria Volonté u.a.
L: 124 Min. V: C.I.C. (F)

DAS ATTENTAT

Die Polizisten Fleury (Georges Staquet) und Melun (Pierre Santini) sind beim Mittagessen. Zuvor haben sie den politischen Aktivisten Sadiel (Gian Maria Volonté) in eine Villa außerhalb von Paris gebracht. Dort wurde ein geheimes Treffen arrangiert. Melun wundert sich, dass dort auch der bekannte Gauner Acconetti (Daniel Ivernel) zugegen war. Fleury aber versucht ihn zu beruhigen: sie würden von Garci (Philippe Noiret) gedeckt, einem Kollegen des Polizeichefs.

F|I|D 1975
R: Andrzej Zulawski
K: Ricardo Aronovich
D: Romy Schneider,
Fabio Testi,
Jacques Dutronc,
Claude Dauphin, Roger
Blin, Klaus Kinski u.a.
L: 109 Min. DVD: NEW

NACHTBLENDE

Nadine Chevalier (Romy Schneider) konnte über die Beziehungen des Fotografen Servais (Fabio Testi) eine Rolle als Schauspielerin in einem Theaterstück bekommen. Nach der Premiere sitzt das Ensemble zusammen und wartet auf die ersten Kritiken. Diese sind niederschmetternd. Sowohl die Inszenierung als auch die schauspielerischen Leistungen werden verrissen.

DER GUTE UND DIE BÖSEN

Nach Ende des zweiten Weltkrieges beginnt das Katz-und-Maus-Spiel zwischen dem Kommissar Blanchot und den drei Ganoven Jacques (Jacques Dutronc), Lola (Marlène Jobert) und Simon (Jacques Villeret) von neuem. Während des Krieges kam es vorübergehend zur Zusammenarbeit, als beide Seiten für die Résistance arbeiteten.

F 1976
R: Claude Lelouch
K: Jacques Lefrançois
D: Marlène Jobert,
Jacques Dutronc, Brigitte
Fossey, Bruno Cremer,
Jacques Villeret u.a.
L: 120 Min. DVD:
Black Hill|Koch Media

Au Train de Vie

1 rue des Deux Gares, 75010 Paris
Tel. 01 40 38 17 05 | Métro: Gare du Nord, Gare de l'Est
www.autraindevie.com

F 2011
R: Valérie Donzelli
K: Sébastien Buchmann
D: Valérie Donzelli,
Jérémie Elkaïm, César
Desseix, Gabriel Elkaïm,
Brigitte Sy u.a.
L: 96 Min. DVD: Prokino

DAS LEBEN GEHÖRT UNS

Juliette (Valérie Donzelli) und Roméo Benaïm (Jérémie Elkaïm) bangen um ihren kranken Sohn Adam (Gabriel Elkaïm). Kurz bevor sie das Ergebnis seiner Kernspintomographie erfahren, gönnen sie sich eine Pause im Café »Au Train de Vie«. Anschließend müssen sie erfahren, dass es sich um einen besonders bösartigen Tumor mit geringen Überlebenschancen handelt.

Hôtel du Nord

102 quai de Jemmapes, 75010 Paris
Tel. 01 40 40 78 78 | Métro: Jacques Bonsergent
www.hoteldunord.org

HOTEL DU NORD

Das Ehepaar Lecouvreur (André Brunot, Jane Marken) führt ein kleines Hotel am Canal Saint-Martin, in dem einfache Arbeiter sowie zwielichtige Gestalten verkehren. Ein junges Pärchen, Renée (Annabella) und Pierre (Jean-Pierre Aumont), welches keine Zukunft mehr für sich sieht, beschließt, sich dort das Leben zu nehmen. Anmerkung: Das Hotel wurde auf dem Freigelände eines Filmateliers nachgebaut.

F 1938
R: Marcel Carné
K: Louis Née, Armand Thirard D: Annabella, Arletty, Louis Jouvet, Jean-Pierre Aumont, Bernard Blier, Paulette Dubost u.a.
L: 95 Min. DVD: mk2 (F)

Hôtel Victory Galou

15 passage de l'Industrie, 75010 Paris
Tel. 01 47 70 10 84 | Métro: Château d'Eau
www.victory-hotel-galou.com

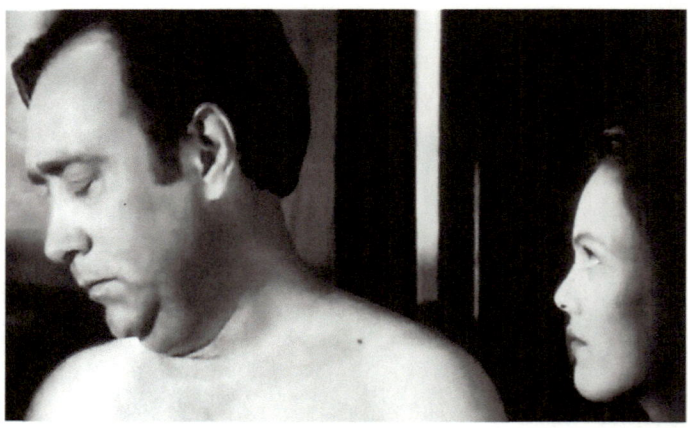

F 1995
R: Jean Becker
K: Étienne Becker
D: Vanessa Paradis,
Gérard Depardieu,
Clotilde Courau,
Sekkou Sall, Florence
Thomassin u.a. L: 115 Min.
DVD: marketing-film

ELISA

Marie (Vanessa Paradis) versucht, einen älteren Mann zu verführen. Erst gibt sie ihm zu verstehen, dass sie ihn attraktiv findet, dann teilt sie ihm mit, dass ihre Dienstleistungen nicht kostenlos sind. Im Hotelzimmer verlangt sie nach Informationen über sein ehemaliges Verhältnis mit ihrer Mutter Élisa. Danach schmeißt sie seine Kleidungsstücke aus dem Fenster, bevor sie selbst verschwindet.

Hôtel Kuntz

2 rue des Deux Gares, 75010 Paris
Tel. 01 40 35 77 26 | Métro: Gare du Nord, RER: Magenta
www.hotelkuntz.com

DIE LIEBENDEN – VON DER LAST, GLÜCKLICH ZU SEIN

Das ehemalige Liebespaar Madeleine (Catherine Deneuve) und Jaromil (Milos Forman) kann nicht voneinander lassen, obwohl jeder längst sein jeweils eigenes Leben in verschiedenen Ländern führt. Dass es keine glückliche Liebe gibt, das ist sowohl Madeleine als auch ihrer Tochter Véra (Chiara Mastroianni) klar. »Ich kann ohne Dich leben, aber ich kann nicht leben, ohne Dich zu lieben« lautet eine Zeile in dem Chanson, das von beiden gesungen wird.

F|UK|CS 2011
R: Christophe Honoré
K: Rémy Beaupain
D: Chiara Mastroianni,
Catherine Deneuve,
Ludivine Sagnier, Louis
Garrel, Milos Forman
u.a. L: 139 Min. DVD:
Senator|Universum

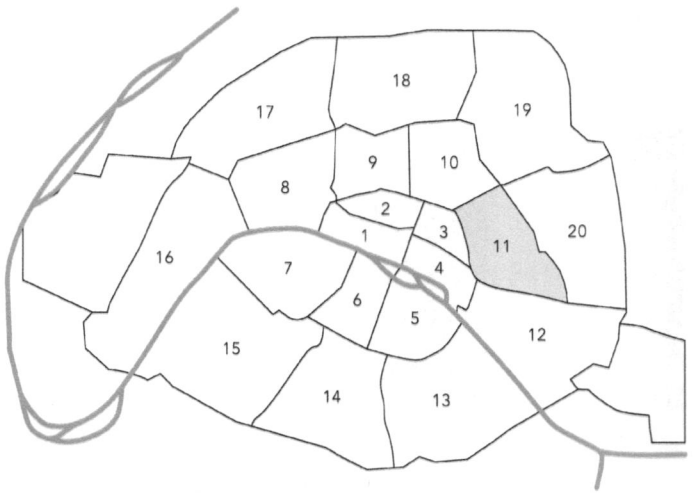

POPINCOURT

Das 11. Pariser Arrondissement ist sehr lebendig und weist eine sehr hohe Bevölkerungsdichte auf. Mit über 40.000 Einwohnern pro Quadratkilometer gehört es zu den am dichtesten besiedelten Gebieten der Welt. Die beiden bekanntesten Plätze sind der »Place de la République« und der »Place de la Bastille«. Historisch erlange das Arrondissement seine Bedeutung durch den Sturm auf die Bastille am 14. Juli 1789. Dieser Tag ist seitdem der Französische Nationalfeiertag. Der »Place de la Bastille« ist ein Verkehrsknoten und deshalb auch beliebter Treffpunkt bei Einheimischen und Touristen. In seiner Nähe findet ein reges Nachtleben mit zahlreichen Cafés, Bars, Clubs und Konzerthallen statt.

SEHENSWÜRDIGKEITEN

- Place de la Bastille
- Cirque d'hiver
- Rue de la Roquette
- Rue du Faubourg Saint-Antoine
- Cours et passages du Faubourg Saint-Antoine
- Églises Saint-Ambroise et Sainte-Marguerite
- Passage Josset
- Passage l'Homme
- Rue de Charonne
- Rue Oberkampf
- Musée Edith Piaf

Le Mécano Bar

99 rue Oberkampf, 75011 Paris
Tel. 01 40 21 35 28 | Métro: Parmentier
lemecanobar.fr

KLEINE WAHRE LÜGEN

Bevor sie zusammen in ihren alljährlichen Urlaub nach Südfrankreich in das Domizil des großzügigen Pariser Restaurantbesitzers Max Cantara (François Cluzet) aufbrechen, trifft sich der Freundeskreis zu einem gemeinsamen Abendessen. Als plötzlich eine junge Frau an ihren Tisch tritt, um Marie (Marion Cotillard) zu begrüßen, reagieren einige der Freunde überrascht. Daraufhin wird angeregt über Maries sexuelle Vorlieben spekuliert.

F 2010
R: Guillaume Canet
K: Christophe Offenstein
D: François Cluzet,
Marion Cotillard, Benoît
Magimel, Gilles Lelouche,
Jean Dujardin u.a.
L: 154 Min. DVD|
Blu-ray: Tobis|Universal

Le Pause Café

41 rue de Charonne, 75011 Paris
Tel. 01 48 06 80 33
Métro: Ledru-Rollin

F 1996
R: Cédric Klapisch
K: Benoît Delhomme
D: Garance Clavel,
Zinedine Soualem,
Olivier Py, Renée Le
Calm, Joël Brisse u.a.
L: 91 Min. DVD: Warner (F)

UND JEDER SUCHT SEIN KÄTZCHEN

Nach Ende ihres Urlaubs will Chloé (Garance Clavel) ihre Katze Gris-Gris sofort bei Madame Renée (Renée Le Calm) abholen. Die Katze ist dieser aber in einem unbeobachteten Moment durchs Küchenfenster entwischt. Mit Unterstützung der alten Madame Renée, die – gut vernetzt in ihrem Quartier – zahlreiche Nachbarn in die Suche einspannt, entsteht ein reger Informationsaustausch.

Le Pure Café

14 rue Jean Macé, 75011 Paris
Tel. 01 43 71 47 22 | Métro: Charonne
www.lepurecafe.fr

BEFORE SUNSET

USA 2004
R: Richard Linklater
K: Lee Daniel
D: Ethan Hawke, Julie Delpy, Vernon Dobtcheff, Louise Lemoine Torres u.a.
L: 77 Min. DVD: Warner

Die französische Umweltaktivistin Céline (Julie Delpy) und der amerikanische Schriftsteller Jesse (Ethan Hawke) haben sich neun Jahre nicht mehr gesehen. Eine Lesereise durch Europa führt Jesse nach Paris. Dort treffen sie sich wieder. Beide konnten ihre frühere Begegnung in Wien nicht vergessen und Jesse, der eigentlich sein Flugzeug erreichen muss, schiebt seinen Aufbruch und somit den Abschied von Céline immer weiter hinaus.

AFFÄREN À LA CARTE

F 2009
R: Danièle Thompson
K: Jean-Marc Fabre
D: Karin Viard, Dany Boon, Marina Foïs, Patrick Bruel, Emmanuelle Seigner u.a. L: 196 Min.
DVD: Prokino|EuroVideo

Genau ein Jahr später, nachdem die Scheidungsanwältin ML (Karin Viard) und ihr Ehemann Piotr (Danny Boon) ein gemeinsames Dinner mit Freunden veranstaltet hatten, möchten sie den Abend wiederholen. Piotr (Danny Boon), der inzwischen mit Jean-Louis (Laurent Stocker) zusammenarbeitet, erzählt ihm an der Bar im Café »Le Pure«, dass er eigentlich gar keine Lust auf das Dinner und zudem eine außereheliche Liebesaffäre hat.

MÄNNER UND DIE FRAUEN

Episode »Der Prolog«: Fred (Jean Dujardin) besucht seinen verheirateten Freund Greg (Gilles Lellouche) in dessen Wohnung (Jean Dujardin) und gerät mitten in eine Eifersuchtsszene. Gregs Ehefrau Stéphanie verdächtigt ihren Mann der Untreue, während sein Freund ihn dabei deckt. Genervt schmeißt sie die Beiden hinaus. Die Männer besuchen sogleich eine Bar, schauen sich die weiblichen Gäste an und unterhalten sich über mögliche neue Eroberungen.

F 2012
R: Fred Cavayé,
K: Guillaume Schiffmann
D: Jean Dujardin,
Gilles Lellouche,
Géraldine Nakache u.a.
L: 103 Min.
DVD|Blu-ray: Universum

WIE IN ALTEN ZEITEN

Der Amerikaner Richard Jones (Pierce Brosnan) reist mit seiner Ex-Frau Kate (Emma Thompson) nach Paris, um dem Investor Vincent Kruger (Laurent Lafitte) das Handwerk zu legen. Dieser ist dabei, Jones Unternehmen zu ruinieren. Als ihr Vorhaben scheitert, planen sie, ein Diamantcollier zu stehlen, welches Kruger seiner Braut Manon (Louise Bourgoin) bei ihrer Hochzeit an der Côte d'Azur überreichen will. Dabei stehen ihnen ihre guten Freunde Jerry (Timothy Spall) und Pen (Celia Imrie) zur Seite. Im »Pure Café « warten Richard, Jerry und Pen darauf, die gestohlenen Diamanten gegen Geld zu tauschen.

F|UK 2013
R: Joel Hopkins
K: Jérôme Alméras
D: Emma Thompson,
Pierce Brosnan,
Timothy Spall, Louise
Bourgoin, Laurent
Lafitte, Marisa Berenson
u.a. L: 91 Min. DVD|
Blu-ray: Universum

Au Puits de Jacob

54 rue Godefroy-Cavaignac, 75011 Paris
Tel. 01 43 56 06 68
Métro: Voltaire

F 1997
R: Thomas Gilou
K: Jean-Jacques Bouhon
D: Richard Anconina
Guy Amram, Vincent
Elbaz, Bruno Solo, José
Garcia, Amira Casar,
Elie Kakou, Richard
Bohringer u.a. L: 105 Min.
DVD: TF1 Vidéo (F)

LÜGEN HABEN KÜRZE RÖCKE

Bei einem Restaurantbesuch mit Arbeitskollegen entdeckt Eddie Vuibert (Richard Anconina) am Nebentisch eine junge Frau, in die er sich verliebt. Sandra (Amira Casar) ist die Tochter des Tuchhändlers Viktor Benzakem (Richard Bohringer), für den Eddie ehemals arbeitete. Um Sandra zu beeindrucken, eröffnet Eddie ein eigenes Unternehmen, das schon bald die Geschäfte ihres Vaters überflügelt.

Au Vieux Chêne

7 rue du Dahomey, 75011 Paris
Tel. 01 43 71 67 69
Métro: Faidherbe – Chaligny

I'VE BEEN WAITING SO LONG

Alex (Patrick Bruel) und Jeanne (Nathalie Baye) treffen sich zwölf Jahre nach ihrer Trennung bei einer Hochzeit zufällig wieder. Jeanne hatte sich damals gegen Alex entschieden und einen reichen Mann geheiratet. Alex brauchte Jahre, um die Trennung zu überwinden. Erst die Übernahme des Bistros seiner Mutter und eine neue Beziehung konnten ihn schließlich wieder zurück ins Leben führen.

F 2003
R: Thierry Klifa
K: Pierre Aïm
D: Patrick Bruel,
Géraldine Pailhas,
Danielle Darrieux,
Anouk Grinberg u.a.
L: 105 Min.
DVD: StudioCanal (F)

Blue Elephant

43-45 rue de la Roquette, 75011 Paris
Tel. 01 47 00 42 00 | Métro: Bastille, Voltaire
www.blueelephant.com

F|UK|USA 1992
R: Roman Polanski
K: Tonino Delli Colli
D: Peter Coyote,
Emmanuelle Seigner,
Hugh Grant, Kristin
Scott Thomas, Victor
Banerjee u.a. L: 139 Min.
DVD: StudioCanal

BITTER MOON

Oscar (Peter Coyote) konnte endlich die Frau (Emmanuelle Seigner) wiederfinden, die ihm nicht mehr aus dem Kopf ging. Er lädt sie zum Essen ein. Aus dem »off« beschreibt er: »Es war eine Aura von Frische und Unschuld um sie, eine geradezu beunruhigende Mischung von sexueller Reife und kindlicher Naivität, die mein weidwundes Herz rührte und den Altersunterschied zwischen uns verwischte.«

Le Gibus

18 rue Faubourg du Temple, 75011 Paris
Tel. 01 43 57 44 21 | Métro: République
www.gibus.fr

AM RANDE DER NACHT

Der ehemalige Polizist Lambert (Coluche), der nach dem Tod seines Sohnes und der Scheidung von seiner Frau inzwischen als Tankwart arbeitet, hat sich mit dem jungen Bensoussan (Richard Anconina) angefreundet. Als dieser nach einer Explosion in seinen Armen stirbt, macht er sich auf die Suche nach Lola (Agnès Soral). Er hofft, sie in der Punk-Discothek »Le Gibus« zu finden.

F 1983
R: Claude Berri
K: Bruno Nuytten
D: Coluche, Richard Anconina, Agnès Soral, Mahmoud Zemmouri, Philippe Léotard u.a.
L: 85 Min.
DVD: Rough Trade

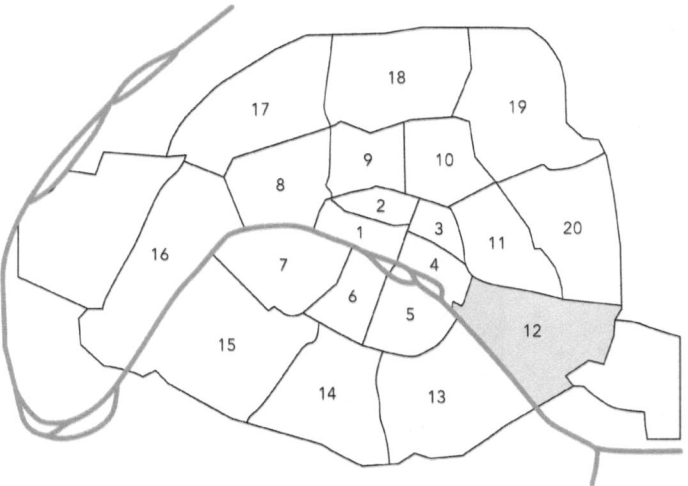

12. ARRONDISSEMENT
REUILLY

Das 12. Arrondissement liegt zwischen dem »Place de la Bastille« und dem »Gare de Lyon«. Im Laufe seiner Geschichte war es vorwiegend ein Wohnviertel und hat nur wenige Sehenswürdigkeiten. Auf dem »Place de la Nation« fanden während der französischen Revolution zahlreiche Hinrichtungen statt. Das 14 ha große Gelände des »Parc de Bercy« war früher einer der größten Weinmärkte der Welt, an dessen Stelle sich die Weinlager der französischen Monarchen und des Hochadels befanden. In »Reuilly« sind das Finanzministerium und die »Cinématèque française« ansässig. Zum 12. Arrondissement gehört auch der »Bois de Vincennes« im Südosten, eine der größten Pariser Parkanlagen.

SEHENSWÜRDIGKEITEN
- Parc de Bercy – Bercy Village
- Opéra Bastille
- Place de la Nation
- Bois de Vincennes
- Zoo de Vincennes
- Cinémathèque française
- Gare de Lyon
- La Promenade Plantée
- Musée des Arts Forains
- Marché d'Aligre

Le Square Trousseau

1 rue Antoine Vollon, 75012 Paris
Tel. 01 43 43 06 00 | Métro: Ledru-Rollin
www.squaretrousseau.com

F 1982
R: Jean-Marie Poiré
K: Robert Alazraki
D: Christian Clavier,
Thierry Lhermitte,
Gérard Jugnot,
Anémone, Josiane
Balasko, Marie-Anne
Chazel, Anémone,
Michel Blanc, Bruno
Moynot, Jacques
François, Martin
Lamotte u.a. L: 87 Min.
DVD|Blu-ray: StudioCanal

DA GRAUST SICH JA DER WEIHNACHTSMANN

Das engagierte, neurotische Sozialarbeiterpaar Thérèse (Anémone) und Pierre (Thierry Lhermitte) muss sich am Heiligabend in ihrer Sozialstation perverser Anrufer und ungebetener Gäste erwehren. Die Ereignisse werden zunehmend chaotischer. Thérèse möchte gerade Austern abholen, da trifft sie auf die schwangere Zézette (Marie-Anne Chazel), die ihren Freund Félix (Gérard Jugnot) verlassen hat.

F 2005
R: Christian Vincent
K: Hélène Louvart
D: Gérard Lanvin, Karin
Viard, Brieuc Quiniou,
Nicolas Jouxtel,
Phareelle Onoyan u.a.
L: 88 Min. DVD:
Fox Pathé Europa (F)

LES ENFANTS

Der geschiedene Technologielehrer Pierre Esteban (Gérard Lanvin) sucht eine größere Wohnung für sich und seine beiden Söhne. Über seine verschiedenen Wohnungsbesichtigungen lernt er die Immobilienmaklerin Jeanne Lancry (Karin Viard) kennen. Jeanne ist ebenfalls geschieden und lebt allein mit ihren beiden Kindern. Nachdem sich Pierre und Jeanne etwas besser kennengelernt haben, verabreden sie sich. Ihre ähnliche Lebenssituation verbindet sie.

F|FL|CH|D 2006
R: Isabel Coixet
K: Jean-Claude Larrieu
D: Miranda Richardson,
Sergio Castellitto
L: 119 Min.
DVD|Blu-ray: Universum

PARIS, JE T'AIME

In der 7. Episode »Bastille« wartet ein Mann (Sergio Castellitto) im Bistro auf seine Ehefrau (Miranda Richardson) mit der Absicht, ihre Beziehung zu beenden. Als seine Frau plötzlich zu weinen anfängt, glaubt er, sie wisse, was er beabsichtigt, ihr gleich mitzuteilen. Doch sie reicht ihm eine Bescheinigung ihres Arztes und das Treffen verläuft völlig anders als zuvor erwartet.

Lys d'Or

2 rue de Chaligny, 75012 Paris
Tel. 01 44 68 98 88 | Métro: Reuilly – Diderot
www.lysdor.com

ALLE LIEBEN BLANCHE

Um Louis (José Garcia) wieder auf die Beine zu helfen, versucht Antoine (Daniel Auteuil) dessen ehemalige Freundin Blanche (Sandrine Kiberlain) ausfindig zu machen. Dabei hat Antoine nicht damit gerechnet, selbst Gefühle für sie zu entwickeln. Louis, der sich seinem neuen Freund sehr verbunden fühlt und dies ahnt, arrangiert ein Abendessen für die Beiden in Blanches Lieblingsrestaurant.

F 2003
R: Pierre Salvadori
K: Gilles Henry
D: Daniel Auteuil,
José Garcia, Sandrine
Kiberlain, Marilyne
Canto, Michèle Moretti,
Garance Clavel, Fabio
Zenoni u.a. L: 106 Min.
DVD: Rough Trade

Le Train Bleu

c/o Gare de Lyon | Place Louis Armand, 75012 Paris
Tel. 01 43 43 09 06 | Métro: Gare de Lyon
www.le-train-bleu.com

DIE MAMA UND DIE HURE

Veronika (Françoise Lebrun) findet es unvernünftig von Alexandre (Jean-Pierre Léaud), mit ihr in dieses Restaurant zu gehen, da er kein Geld hat. Er entgegnet, dass kein Geld zu haben, kein Grund wäre, schlecht zu essen. Als Kind hätte er früher Bücher gestohlen. Armut sei kein Grund, kultiviert zu sein. Er erklärt ihr, dass man bei kalten Speisen nur die Kälte schmeckt, bei heißen nur das Heiße, nicht das Aroma. Wenn eine Speise hart ist, nur die Härte, wenn sie flüssig ist, nur das Flüssige. Man müsse also lauwarme und weiche Sachen essen.

F 1973
R: Jean Eustache
K: Pierre Lhomme
D: Bernadette Lafont,
Jean-Pierre Léaud,
Françoise Lebrun,
Isabelle Weingarten,
Jacques Renard u.a.
L: 210 Min.
VHS: Artificial Eye (UK)

NIKITA

Rico (Marc Duret) übergibt der Spezialagentin Nikita (Anne Parillaud) im »Le Train Bleu« ein Geburtstagsgeschenk. Es ist ein Revolver. Sogleich erhält sie den Auftrag, innerhalb von drei Minuten eine Operation durchzuführen. Zuerst soll sie direkt im Restaurant einen Gast erschießen, anschließend durch das Toilettenfenster fliehen, denn vor dem Haus würde ein Fahrer auf sie warten. Doch das Toilettenfenster ist zugemauert ...

F|I 1990
R: Luc Besson
K: Thierry Arbogast
D: Anne Parillaud,
Jean-Hugues Anglade,
Tchéky Karyo, Jean
Reno, Jeanne Moreau
u.a. L: 112 Min.
DVD|Blu-ray: StudioCanal

PLACE VENDÔME - HEISSE DIAMANTEN

F 1998
R: Nicole Garcia
K: Laurent Dailland
D: Catherine Deneuve,
Jean-Pierre Bacri,
Emmanuelle Seigner,
Jacques Dutronc u.a.
L: 113 Min.
DVD: StudioCanal

Marianne Malivert (Catherine Deneuve) hat mit den Bankiers der De Beers aus London vereinbart, Batistelli (Jacques Dutronc) im Restaurant »Le Train Bleu« zu treffen. Dort soll sie ihm die gestohlenen Diamanten übergeben. Während die Polizei, die Bankiers und Jean-Pierre (Jean-Pierre Bacri) im Restaurant auf beide warten, um Batistelli nach der Übergabe festzunehmen, hat sie ihm längst einen ganz anderen Treffpunkt vorgeschlagen.

MR. BEAN MACHT FERIEN

UK|F|D 2007
R: Steve Benelack
K: Baz Irvine
D: Rowan Atkinson,
Steve Pemberton, Lily
Atkinson, Willem Dafoe,
Philippe Spall, Jean
Rochefort, Karel Roden,
Max Baldry u.a. L: 86 Min.
DVD|Blu-ray: Universal

Mr. Bean (Rowan Atkinson) hat eine Reise nach Cannes gewonnen und fährt mit dem Zug nach Paris. Im Restaurant »Le Train Bleu« empfiehlt ihm der Kellner (Jean Rochefort) eine Platte mit Meeresfrüchten. Der französischen Sprache nicht mächtig, antwortet er einfach mit »oui«. Als ihm daraufhin diverse Krustentiere serviert werden, kostet es Mr. Bean große Überwindung, eine »sich noch bewegende« Auster hinunterzuschlucken.

MICMACS – UNS GEHÖRT PARIS!

Um die Bedingungen für die Übergabe des Auges von Mussolini zu besprechen, besucht der Waffenfabrikant Nicolas Thibault de Fenoillet (André Dussollier) das Restaurant »Le Train Bleu«. Dort erhält er Anweisungen von Remington (Omar Sy). Bazil (Dany Boon), in dessen Kopf eine Kugel steckt und der den Tod seines Vaters rächen will, belauscht das Ganze unbemerkt und souffliert Remington dabei vom Nebentisch.

F 2009
R: Jean-Pierre Jeunet
K: Tetsuo Nagata
D: Dany Boon,
Dominique Pinon,
André Dussollier,
Omar Sy u.a. L: 105 Min.
DVD|Blu-ray: StudioCanal

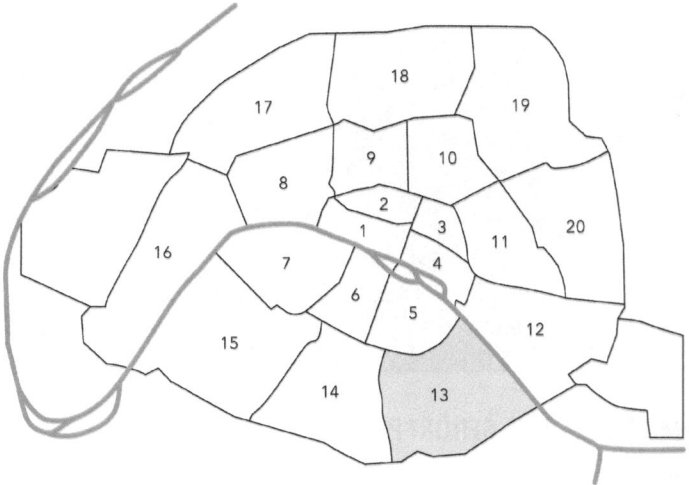

13. ARRONDISSEMENT

GOBELINS

Das 13. Arrondissement, ein ehemaliges Arbeiterviertel, wurde ab der Mitte des 19. bis ins 20. Jahrhundert von industriellen Aktivitäten geprägt. Heute ist es vor allem durch sein asiatisches Viertel bekannt, das größte Chinatown innerhalb Europas. Hier leben u.a. Emigranten aus Vietnam, Laos und Kambodscha sowie aus der Volksrepublik China, aus Taiwan, Hongkong und Korea. Sehenswert ist die Teppichweberei »Manufacture des Gobelins«, das Nervenkrankenhaus Salpêtrière und die neue Nationalbibliothek, mit der sich der ehemalige Präsident François Mitterrand ein Denkmal gesetzt hat.

SEHENSWÜRDIGKEITEN

- Place d'Italie
- La Butte aux Cailles
- Bibliothèque nationale de France
- Chinatown
- Manufacture des Gobelins
- Gare d'Austerlitz
- Hôpital de la Pitié-Salpêtrière
- La Cité Fleurie
- Les Frigos
- Parc de Choisy
- Square René Le Gall
- Cité de Refuge de l'Armée du Salut (Le Corbusier)

Les Cailloux

58 rue des Cinq Diamants, 75013 Paris
Tel. 01 45 80 15 08 | Métro: Corvisart
www.lescailloux.fr

NATHALIE KÜSST

François (Pio Marmaï) sieht Nathalie (Audrey Tautou) das Café betreten und ist sofort von ihr angetan. Er überlegt, was sie sich wohl bestellen wird und beschließt sie anzusprechen, falls es sich um einen Aprikosensaft handelt. Die beiden werden ein Paar und führen eine glückliche und romantische Beziehung. Sie spielen jedes Jahr im selben Café ihr erstes Kennenlernen nach.

F 2011
R: David Foenkinos,
Stéphane Foenkinos
K: Rémy Chevrin
D: Audrey Tautou,
François Damiens,
Bruno Todeschini,
Mélanie Bernier,
Joséphine de Meaux
u.a. L: 108 Min.
DVD|Blu-ray: Concorde

Fung Shun

34 avenue Choisy, 75013 Paris
Tel. 01 53 60 13 56
Métro: Maison Blanche, Porte de Choisy

F 2011
R: David Foenkinos,
Stéphane Foenkinos
K: Rémy Chevrin
D: Audrey Tautou,
François Damiens, Bruno
Todeschini, Joséphine
de Meaux Mélanie
Bernier u.a. L: 108 Min.
DVD|Blu-ray: Concorde

NATHALIE KÜSST

Markus Lundell (François Damiens), der schwedische Arbeitskollege der emotio-nal zurückgezogenen Nathalie Kerr (Audrey Tautou), nimmt sich ein Herz und lädt sie zum Essen ein. Nathalie findet seinen Vorschlag für das chinesische Restaurant originell. Sie erzählt ihm, dass sie es nicht mehr gewohnt ist, auszugehen und deshalb wohl auch keine gute Gesprächspartnerin sei.

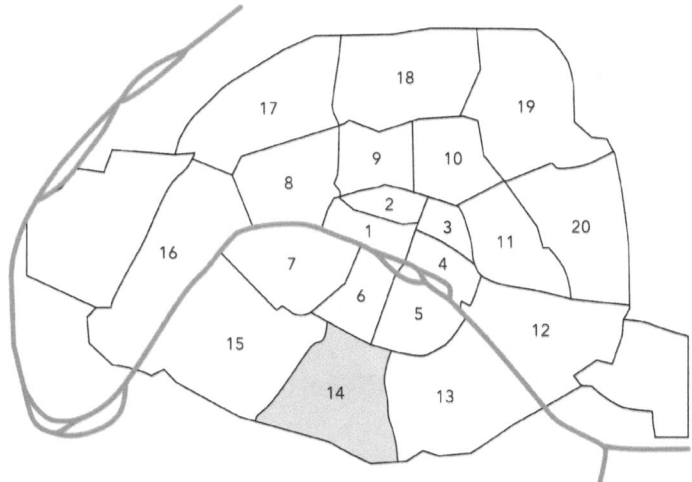

14. ARRONDISSEMENT
OBSERVATOIRE

Das 14. Arrondissement, bekannt als Montparnasse, zog wie das Quartier Latin zahlreiche Künstler und Intellektuelle an. Einige der Cafés galten als das Zentrum des literarischen und künstlerischen Lebens u.a. La Coupole, Le Select, Le Dôme und La Rotonde. Im Zuge der Stadtentwicklung hat die Gegend viel von seinem früheren Charme verloren. Auf dem Boulevard Montparnasse herrscht aber immer noch ein reges Treiben mit zahlreichen Cafés, Bars und Kinos. In der internationalen Studentensiedlung »Cité Internationale Universitaire« leben circa 10.000 Studenten, Wissenschaftler und Künstler. Im 14. Arrondissement befinden sich auch die Katakomben von Paris und der Friedhof Montparnasse mit Gräbern von berühmten Personen wie Simone de Beauvoir, Jean-Paul Sartre und Serge Gainsbourg.

SEHENSWÜRDIGKEITEN
- Parc Montsouris
- Gare Montparnasse
- Observatoire de Paris
- Catacombes de Paris
- Cimetière du Montparnasse
- Cité Internationale Universitaire
- Église Notre-Dame-du-Travail
- Rue des Thermopyles
- Rue de la Gaité
- Le Réservoir de Montsouris
- Prison de la Santé

Le Dôme

108 boulevard du Montparnasse, 75014 Paris
Tel. 01 43 35 25 81 | Métro: Vavin, Edgar Quinet
www.restaurant-ledome.com

MONTPARNASSE 19

Jeanne Hébuterne (Anouk Aimée) will mit Amadeo Modigliani (Gérard Philipe) leben. Während Modigliani im »Le Dôme« auf sie wartet, erzählt er Beatrice (Lilli Palmer), dass ihm nun alles möglich sei. Selbst wenn er das ganze Weltall malen könnte, es würde immer wieder ein Portrait von Jeanne. Beatrice reagiert skeptisch. Sie glaubt, dass der größte Beweis seiner Liebe sei, Jeanne zu vergessen. Denn, er wird sie unglücklich machen.

F|I 1958
R: Jacques Becker
K: Christian Matras
D: Gérard Philipe,
Lilli Palmer, Lea
Padovani, Gérard Séty,
Lino Ventura, Anouk
Aimée, Lila Kedrova,
Arlette Poirier u.a.
L: 100 min.
DVD: Filmjuwelen

CLEO – MITTWOCH ZWISCHEN 5 UND 7

Beunruhigt über eine mögliche schwere Erkrankung und in Erwartung der endgültigen Diagnose ihres Arztes läuft die junge Chanson-Sängerin Cléo (Corinne Marchand) ziellos durch das Quartier. Auf der Suche nach Zerstreuung kehrt sie ins Café »Le Dôme« ein, trinkt einen Cognac, bleibt aber ruhelos und irrt weiter beunruhigt durch die Straßen.

F|I 1962
R: Agnès Varda
K: Alain Levent,
Jean Rabier
D: Corinne Marchand,
Antoine Bourseiller,
José Luis de Villalonga,
Michel Legrand,
Dorothée Blanc u.a.
L: 90 Min. V: Constantin

USA 1976
R: John Schlesinger
K: Conrad L. Hall
D: Dustin Hoffman,
Laurence Olivier, Roy
Scheider, William
Devane, Marthe
Keller u.a. L: 125 Min.
DVD|Blu-ray: Paramount

DER MARATHON MANN

Doc (Roy Scheider), der Bruder des Marathonläufers Babe (Dustin Hoffmann), arbeitet für den ehemaligen KZ-Arzt Szell (Laurence Olivier), der sich nach Uruguay abgesetzt hat. Als Kurier besorgt er regelmäßig Diamanten, die Szell einst jüdischen Gefangenen unter Folter abgenommen hat und die jetzt in einem Schließfach in New York lagern. In Paris entkommt Doc nur knapp einem Sprengstoffattentat sowie dem Anschlag eines Killers.

F 1989
R: Andrzej Zulawski
K: Partrick Blossier
D: Sophie Marceau,
Jacques Dutronc, Valérie
Lagrange, Laure Killing,
François Chaumette u.a.
L: 106 Min. DVD|MIG Film

MEINE NÄCHTE SIND SCHÖNER ALS DEINE TAGE

Der begabte Informatiker Lucas (Jacques Dutranc), der eine neue Programmiersprache entwickelt, hat soeben erfahren, dass sein Gehirn mit einem Virus infiziert ist. Per Zufall lernt er die Hellseherin Blanche (Sophie Marceau) kennen und lädt sie zum Essen ein. Er sagt ihr, dass er bereit sei, sie zu lieben. Sie entgegnet ihm jedoch, dass sie berechnend und egoistisch ist.

La Liberté

1 rue de la Gaîté, 75014 Paris
Tel. 01 43 20 94 56
Métro: Gaîté, Vavin

VIER ABENTEUER VON REINETTE UND MIRABELLE

Reinette (Joëlle Miquel), ein Mädchen vom Land, wartet auf der Terrasse eines Cafés auf ihre Freundin Mirabelle (Jessica Forde), eine Jurastudentin. Als der Kellner (Philippe Laudenbach) sie auffordert, ihre Rechnung zu begleichen, hat Reinette nicht genügend Kleingeld parat. Sie möchte deshalb mit einem Geldschein bezahlen, doch der Kellner weigert sich, diesen anzunehmen.

F 1987
R: Eric Rohmer
K: Sophie Maintigneux
D: Joëlle Miquel,
Jessica Forde, Marie
Rivière, Fabrice Luchini,
François-Marie Banier
u.a. L: 99 Min.
DVD: StudioCanal

La Coupole

102 boulevard du Montparnasse, 75014 Paris
Tel. 01 43 20 14 20 | Métro: Vavin
www.lacoupole-paris.com

F|I 1976
R: Joseph Losey
K: Gerry Fisher,
Pierre-William Glenn
D: Alain Delon, Jeanne
Moreau, Juliet Berto,
Suzanne Flon, Michael
Lonsdale u.a. L: 123 Min.
DVD: Arthaus

MONSIEUR KLEIN

Während der deutschen Besatzung erhält Robert Klein (Alain Delon) das Abonnement für eine jüdische Zeitung. Er scheint einen Namensvetter zu haben, denn er hat die Zeitung nicht bestellt. Um der Gefahr zu entgehen, von der Polizei festgenommen zu werden, beschließt er, eine neue Identität anzunehmen. Als er mit seinem Freund, dem Anwalt Pierre (Michael Lonsdale), im Restaurant ist, ruft ein Kellner seinen Namen aus. Klein stellt sich taub.

LA BOUM - DIE FETE

Vic (Sophie Marceau) besucht mit Ihrer lebenslustigen Urgroßmutter Poupette (Denise Grey) das Restaurant »La Coupole«. Poupette erzählt ihrer Urenkelin, dass sie hier schon seit 1923 oder 1925 verkehrt. Als berühmte Harfenistin hat sie an vielen Konzerten und Empfängen teilgenommen und kennt daher zahlreiche einflussreiche Leute. Die Urgroßmutter wird vom Kellner auch namentlich begrüßt.

F 1980
R: Claude Pinoteau
K: Edmond Séchan
D: Sophie Marceau,
Brigitte Fossey, Claude
Brasseur, Denise Grey,
Dominique Lavanant u.a.
L: 107 Min. DVD: UFA
Blu-ray: Universum|Tobis

LA BOUM 2 - DIE FETE GEHT WEITER

Urgroßmutter Poupette (Denise Grey) berät Ihre Urenkelin Vic (Sophie Marceau) in Liebesangelegenheiten. Vic ist sich unsicher, wie sie sich gegenüber ihrem Schwarm Philippe (Pierre Cosso) sowie dem älteren Studenten Félix (Lambert Wilson) verhalten soll. Poupette rät ihr, den jüngeren Philippe anzurufen, den Studenten Félix dagegen aber auf gar keinen Fall.

F 1982
R: Claude Pinoteau
K: Edmond Séchan
D: Claude Brasseur,
Brigitte Fossey, Sophie
Marceau, Lambert
Wilson, Pierre Cosso u.a.
L: 109 Min. DVD: UFA
Blu-ray: Universum|Tobis

F 2007
R: Claude Berri
K: Agnès Godard
D: Audrey Tautou,
Guillaume Canet,
Laurent Stocker,
Françoise Bertin, Alain
Sachs u.a. L: 97 Min.
DVD|Blu-ray: Universal

ZUSAMMEN IST MAN WENIGER ALLEIN

Nach der Rückkehr von Philibert Marquet de la Durbellière (Laurent Stocker), dem Nachkommen einer Adelsfamilie, vom Weihnachtsaufenthalt bei seiner Familie, beschließen die drei Freunde, gemeinsam essen zu gehen. Der Motorradfahrer und Koch Franck (Guillaume Canet), Camille (Audrey Tautou), die tagsüber zeichnet und abends als Putzfrau arbeitet, lassen sich von Philibert in allen Einzelheiten die Eigenarten seiner ungewöhnlichen Familie erzählen.

Les Jardins d'Issoire

1 rue de la Gaîté, 75014 Paris
Tel. 01 43 20 94 56
Métro: Gaîté, Vavin

DER WILDE SCHLAG MEINES HERZENS

Thomas Seyr (Romain Duris) erzählt seinem Vater Robert (Niels Arestrup) von dem Treffen mit Monsieur Fox, der Klavierkonzerte seiner verstorbenen Mutter organisierte. Dieser schlug ihm vor, auf dem Klavier vorzuspielen. Der Vater, der sich mit Thomas in der Nähe des Lokals eines Tunesiers getroffen hat, der Mietrückstände bei ihm hat, ist eher daran interessiert, dass sein Sohn Schulden für ihn eintreibt.

F 2005
R: Jacques Audiard
K: Stéphane Fontaine
D: Romain Duris,
Niels Arestrup,
Emmanuelle Devos,
Mélanie Laurent, Aure
Atika, Linh Dan Pham
u.a. L: 103 Min.
DVD: Concorde Video

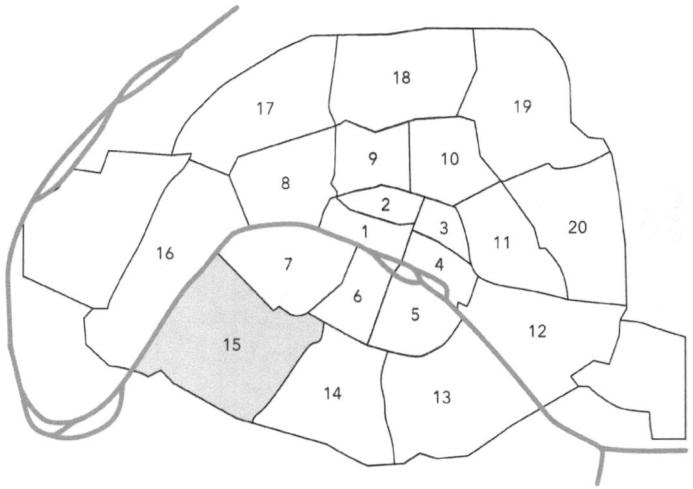

VAUGIRARD

Das 15. Pariser Arrondissement ist flächenmäßig das größte und vor allem ein Wohnviertel. Hier findet man relativ günstige Wohnungen, aber auch teure prunkvolle Appartements, die sich an den Grenzen zum 7. und 16. Arrondissement befinden. Die ruhige Wohngegend bietet nicht viele Sehenswürdigkeiten, abgesehen vom höchsten Wolkenkratzer von Paris, dem Tour Montparnasse (209 m), dem Institut Pasteur mit Museum und dem Parc André-Citroën. Der Park wurde im Jahre 1992 auf dem ehemaligen Werksgelände des gleichnamigen Automobilunternehmens errichtet.

SEHENSWÜRDIGKEITEN

- Tour Montparnasse
- Parc des expositions de la porte de Versailles
- Pont de Bir-Hakeim
- Parcs André-Citroën et Georges-Brassens
- Le chemin du Montparnasse
- La Ruche
- La Criée du Phare
- Institut Pasteur (Musée Pasteur)
- Musée Bourdelle
- Marché du livre Ancien et d'occasion

Canal 15

31 avenue du Maine, 75015 Paris
Tel. 01 45 44 52 38
Métro: Montparnasse

DER FALL SERRANO

Als Xavier Maréchal (Alain Delon) feststellt, dass er verfolgt wird, lotst er Valérie (Ornella Muti), die Geliebte seines ermordeten Freundes Philippe Dubaye (Maurice Ronet), in ein Café. Er selbst verschwindet sofort wieder. Über eine Telefonzelle außerhalb des Lokals nimmt er Kontakt mit Valérie auf und vereinbart ein neues Treffen. Anmerkung: Das Lokal heißt heute »Canal 15«.

F 1977
R: Georges Lautner
K: Henri Decaë
D: Alain Delon, Ornella Muti, Stéphane Audran, Mireille Darc, Maurice Ronet, Klaus Kinski u.a.
L: 119 Min.
DVD|Blu-ray: Concorde

Il Russo

6 rue César Franck, 75015 Paris
Tel. 01 45 67 31 08
Métro: Ségur

USA|UK 2010
R: Christopher Nolan
K: Wally Pfister
D: Leonardo DiCaprio,
Joseph Gordon-Levitt,
Ellen Page, Tom Hardy,
Ken Watanabe u.a.
L: 142 Min.
DVD|Blu-ray: Warner

INCEPTION

Dominick Cobb (Leonardo DiCaprio) ist darauf spezialisiert, während eines Traumes Informationen aus dem Unterbewusstsein seiner Opfer zu stehlen. Er wirbt die talentierte Studentin Ariadne (Ellen Page) an und erklärt ihr den Job als Traumarchitekten. Er fragt, ob sie noch weiß, wie sie in dieses Café gekommen ist. Plötzlich beginnt der Tisch zu wackeln, während wie in einer Traumsequenz Gegenstände durch die Luft fliegen. Anmerkung: Im Film heißt das Lokal »Café Debussy«.

Aux Sportifs Réunis

75 rue Brancion, 75015 Paris
Tel. 01 48 28 61 00
Métro: Convention

GAINSBOURG – DER MANN, DER DIE FRAUEN LIEBTE

Der junge Lucien Ginsburg (Kacey Mottet Klein), das Kind eines jüdischen Barpianisten, wurde schon früh von seinem Vater zum Musikunterricht gezwungen. Er befindet sich mit einem Künstler-Modell (Ophélia Kolb) in einem Café, als dort die Chansonette Fréhel (Yolande Moreau) erscheint. Lucien sagt ihr, dass er die Texte all ihrer Lieder auswendig kennt. Daraufhin beginnen sie, gemeinsam zu singen.

F 2010
R: Joann Sfar
K: Guillaume Schiffmann
D: Éric Elmosnino, Lucy Gordon, Laetitia Casta, Douag Jones, Anna Mouglalis u.a.
L: 125 Min. DVD|Blu-ray: Universal StudioCanal

Le Terminus Balard

1 place Balard, 75015 Paris
Tel. 01 45 57 81 61
Métro: Balard

F|D 1982
R: Jacques Rouffio
K: Jean Penzer
D: Romy Schneider,
Michel Piccoli, Mathieu
Carrière, Wendelin
Werner, Helmut Griem,
Gérard Klein, Maria
Schell u.a. L: 108 Min.
DVD: Universum

DIE SPAZIERGÄNGERIN VON SANS-SOUCI

Max Baumstein (Michel Piccoli), Präsident einer humanitären Hilfsorganisation, hat den Botschafter von Paraguay erschossen. Er wird zu fünf Jahren Haft verurteilt, die Strafe aber zur Bewährung ausgesetzt. Nach der Gerichtsverhandlung treffen sich Max und Lina (Romy Schneider). Im Café möchte Lina wissen, was Elsa Wiener für ein Mensch gewesen ist. Er antwortet ihr: »Sie war wie Du, eine Nervensäge.«

Hôtel Hilton

22 rue Jean Rey, 75015 Paris
Tel. 01 44 38 56 00 | RER: Champs de Mars – Tour Eiffel
www.pullmanhotels.com

DER GROSSE BLONDE MIT DEM SCHWARZEN SCHUH

Als Geheimdienstchef Colonel Toulouse (Jean Rochefort) erfährt, dass er von dem ehrgeizigen und rivalisierenden Mitarbeiter Milan (Bernard Blier) in seinen eigenen Räumen abgehört wird, geht er aus Sicherheitsgründen auf den Balkon. Er beschließt, sich zu revanchieren und Milan eine Falle zu stellen. So wird der zerstreute Geiger Perrin (Pierre Richard) unwissentlich zu einem gefährlichen Agenten.

F 1972
R: Yves Robert
K: René Mathelin
D: Pierre Richard,
Bernard Blier, Jean
Rochefort, Mireille
Darc, Jean Carmet,
Colette Castel u.a.
L: 86 Min.
DVD: Universum

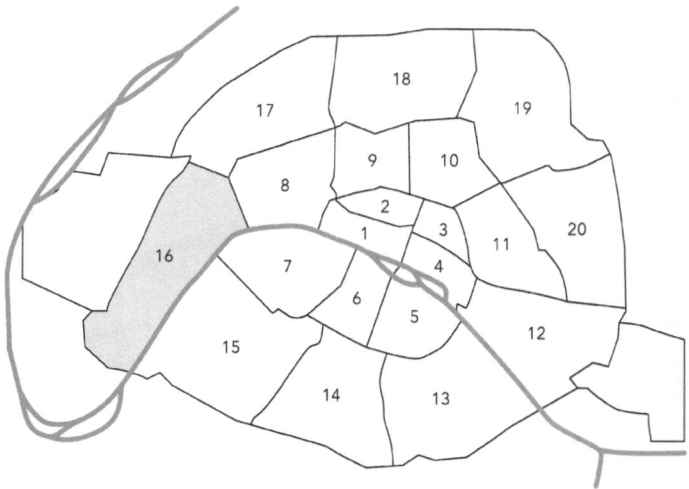

16. ARRONDISSEMENT
PASSY

Die ehemals kleinen Dörfer Auteuil, Passy und Chaillot bilden heute den ruhigen und vornehmen Stadtteil Passy. Passy ist eines der Arrondissements mit der wohlhabendsten Bevölkerung von Paris und den höchsten Mietpreisen. Hier befinden sich prächtige Straßen wie die Avenue d'Iéna, die Avenue Foch und die Avenue Victor Hugo. Die Hälfte der Fläche des Arrondissements wird vom Park »Bois de Boulogne« eingenommen. Aufgrund seiner Größe ist Passy das einzige Arrondissement mit zwei Postleitzahlen (75016, 75116). Im »Palais de Tokyo« wird zeitgenössische Kunst gezeigt. Das »Musée Marmottan Monet« beherbergt die größte Sammlung mit Werken des Malers Claude Monet sowie anderer Impressionisten.

SEHENSWÜRDIGKEITEN

- Bois de Boulogne
- Palais de Tokyo
- Jardins du Trocadéro
- Palais de Chaillot
- Jardin d'Acclimatation
- Jardins de Bagatelle
- Maison de Balzac
- Musée d'Ennery
- Musée Marmottan Monet
- Maison de Radio France
- Parc des Princes

Kennedy Eiffel Bar

16 avenue du Président-Kennedy, 75016 Paris
Tel. 01 40 50 95 89
Métro: Passy

DER LETZTE TANGO IN PARIS

Nachdem Jeanne (Maria Schneider) die Brücke »Pont de Bir-Hakeim« zu Fuß über-
quert hat, meldet sie sich aus der Telefonzelle einer Bar bei ihrer Mutter. Sie teilt
ihr mit, dass sie sich eine Wohnung im Arrondissement Passy ansehen wird. In
der Bar begegnet ihr derselbe Mann (Marlon Brando) wieder, der ihr zuvor schon
beim Überqueren der Brücke aufgefallen war.

F|I 1972
R: Bernado Bertolucci
K: Vittorio Storaro
D: Marlon Brando,
Maria Schneider,
Jean-Pierre Léaud,
Massimo Girotti,
Veronica Lazar u.a.
L: 136 Min. DVD|
Blu-ray: 20th Century Fox

Villa Sophia

53 rue de Chaillot, 75116 Paris
Tel. 09 82 60 24 26
Métro: George V, Alma Marceau

F 1981
R: Eric Rohmer
K: Bernard Lutic
D: Philippe Marlaud,
Marie Rivière,
Anne-Laure Meury,
Mathieu Carrière,
Fabrice Luchini,
Rosette u.a. L: 106 Min.
DVD: Arrow Films (F)

DIE FRAU DES FLIEGERS

Annes (Marie Rivière) Freund François (Philippe Marlaud) sieht sie per Zufall mit ihrem Ex-Freund Christian (Mathieu Carrière) und vermutet, dass die Affäre weiterhin besteht. Er möchte Anne zur Rede stellen und sucht sie im Restaurant auf, als sie dort mit einer Freundin zu Mittag isst. Anne hat keine Lust, über ihre ehemalige Beziehung zu diskutieren. Anmerkung: Das Lokal hieß ehemals »Le Chaillot«.

Le Duplex

2 bis Avenue Foch, 75116 Paris
Tel. 01 45 00 45 00 | Métro: Charles de Gaulle – Étoile
www.leduplex.com

LÜGEN HABEN KÜRZE RÖCKE

Eddie Vuibert (Richard Anconina) wurde von dem erfolgreichen Tuchhändler Viktor Benzakem (Richard Bohringer) gerettet, da dieser ihn fälschlicherweise für einen seiner jüdischen Mitbürger hielt. Benzakem gibt Eddie sogar einen Job in seinem Betrieb und Eddie lernt über seine neuen Kollegen immer mehr Leute aus der jüdischen Gemeinschaft kennen.

F 1997
R: Thomas Gilou
K: Jean-Jacques Bouhon
D: Guy Amram, Richard Anconina, Vincent Elbaz, Bruno Solo, José Garcia, Amira Casar, Elie Kakou, Richard Bohringer u.a. L:105 Min.
DVD: TF1 Vidéo (F)

Matsuri Passy

2-4 rue de Passy, 75016 Paris
Tel. 08 20 23 11 11 | Métro: Passy
www.matsuri.fr

NACHTBLENDE

F 2010
R: Eric Lartigau
K: Laurent Dailland
D: Romain Duris,
Marina Foïs, Niels
Arestrup, Catherine
Deneuve, Branka
Katic u.a. L: 114 Min.
DVD|Blu-ray: Universum

Der Anwalt und Hobbyfotograf Paul Exben (Romain Duris) lebt mit seiner Ehefrau Sarah (Marina Foïs) in einem Haus außerhalb von Paris. Während Sarah mit ihrem Provinzleben sehr unglücklich ist, führt Paul mit seiner Mutter Anne (Catherine Deneuve) eine erfolgreiche Anwaltskanzlei im Herzen von Paris. Beim Mittagessen erzählt Paul seiner Mutter voller Begeisterung von seinem neuen Fotoapparat der Marke Canon. Sie vertraut ihm anschließend an, dass sie bald sterben wird, da sie sehr krank sei.

Le Stella

133 avenue Victor-Hugo, 75016 Paris
Tel. 01 56 90 56 00 | Métro: Victor Hugo
www.lestella.fr

DER KÄMPFER

Angezogen von den Auslagen frischer Meeresfrüchte betritt Jacques Darnay (Alain Delon) ein Lokal. Als er vor seinem Teller mit Seeigeln sitzt, gesellt sich Kommissar Rouxel (Pierre Mondy) zu ihm an den Tisch. Jacques erklärt Rouxel den wahren Ablauf des Juwelierraubes mit Todesfolge, für den er neun Jahre im Gefängnis saß. Außer Rouxel interessieren sich allerdings noch andere für das Versteck der Beute.

F 1983
R: Alain Delon,
Robin Davis
K: Jean Tournier
D: Alain Delon, Francois Périer, Pierre Mondy, Anne Parillaud, Andréa Ferréol u.a. L: 121 Min.
DVD: Concorde

Maison Prunier

16 avenue Victor Hugo, 75016 Paris
Tel. 01 44 17 35 85 | Métro: Kléber
www.prunier.com

F 1980
R: Francis Girod
K: Bernard Zitzermann
D: Romy Schneider,
Marie-France Pisier,
Claude Brasseur,
Jean-Louis Trintignant,
Daniel Auteuil u.a.
L: 125 Min.
DVD: StudioCanal

DIE BANKIERSFRAU

Emma Eckhert (Romy Schneider), eine Karrierefrau mit bisexuellen Neigungen, hat den älteren Geschäftsmann Moïse Nathanson (Jacques Fabbri) geheiratet, um in die bessere Pariser Gesellschaft aufgenommen zu werden. Sie benutzt ihre Ehe als Sprungbrett zum Aufstieg und um Bankpräsidentin einer Pariser Sparkasse zu werden. Ihre Geliebte Noëlle (Camille Sowcroft) unterstützt sie bei diesem Vorhaben.

KANN DAS LIEBE SEIN?

Der erfolgreiche, aber neurotische Geschäftsmann Lucas (Vincent Lindon) hatte bisher kein Glück in der Liebe. Nun hat er sich in die Künstlerin Elsa (Sandrine Bonnaire) verliebt. Diese fertigt in seinem Auftrag ein Keramikfresko für die Halle seines Unternehmens an. Um sich mit ihr unterhalten zu können, versucht er Kenntnisse im Bereich Keramik aufzubauen. Dafür hat er extra den berühmten Keramiker Professor Della Ponte aus Italien einfliegen lassen.

F 2007
R: Pierre Jolivet
K: Pascal Ridao
D: Vincent Lindon,
Sandrine Bonnaire,
François Bérleand,
Kad Merad u.a.
L: 85 Min. DVD: Indigo

LÖSEGELD – WIE VIEL IST DEIN LEBEN WERT?

Der französische Großindustrielle Stanislav Graff (Yvan Attal) wurde entführt. Nach und nach kommen schmutzige Details aus dem Leben des Entführten ans Tageslicht. Unter anderem soll er während seiner Ehe mehrere Geliebte gehabt und ein Doppelleben geführt haben. Da sein Ruf extrem beschädigt wird, soll nun seine Mutter (Françoise Fabian) zeigen, wie sehr sie ihren Sohn liebt. Sie glaubt aber, dass die Öffentlichkeit dann annimmt, sie mache das nur aus Angst vor dem Ruin.

F|B 2009
R: Lucas Belvaux
K: Pierre Milon
D: Yvan Attal,
Anne Consigny, André
Marcon, Françoise
Fabian, Alex Descas
u.a. L: 121 Min.
DVD|Blu-ray: Universum

F|B 2012
R: Florent-Emilio Siri
K: Giovanni Fiore
Coltelacci D: Jérémie
Renier, Benoît Magimel,
Joséphine Japy, Ana
Girardot u.a. L: 143 Min.
DVD: StudioCanal

MY WAY – EIN LEBEN FÜR DAS CHANSON

Der berühmte französische Sänger, Komponist und Musikproduzent »Cloclo«, der mit bürgerlichem Namen Claude François (Jérémie Renier) heißt, besucht mit seiner Geliebten Sofia (Janicke Askevold) das »Restaurant Prunier«. Anschließend macht er ihr im Auto eine Eifersuchtsszene. Er bildet sich ein, dass sie im Restaurant ein Auge auf einen anderen Mann geworfen hat.

YVES SAINT LAURENT

F 2014
R: Jalil Lespert
K: Thomas Hardmeier
D: Pierre Niney,
Guillaume Gallienne,
Charlotte Le Bon, Nikolai
Kinski u.a. L: 102 Min.
DVD|Blu-ray: Universum

Nach dem Tod von Christian Dior wird sein Assistent Yves Saint Laurent (Pierre Niney) künstlerischer Leiter des Hauses Dior. Seine erste Modenschau für das größte Modehaus der französischen Haute Couture im Jahr 1958 wird ein Erfolg. Die Chefredakteurin von Harper's Bazaar Marie-Louise Bousqeut (Anne Alvaro) arrangiert ein Essen im »Restaurant Prunier«. Zu diesem Essen hat sie auch Pierre Bergé (Guillaume Gallienne) eingeladen.

Le Chalet des Iles

Lac Inférieur du Bois de Boulogne, 75016 Paris
Tel. 01 42 88 04 69 | Métro: Rue de la Pompe, RER: Henri Martin
www.chalet-des-iles.com

CAMILLE – VERLIEBT NOCHMAL!

Camille (Noémie Lvovsky) und Eric (Samir Guesmi) sind schon lange getrennt. Sie verabreden sich am Neujahrstag. Camille erzählt Eric von ihrem Erlebnis am Vortag, einer Art Traum, in dem sie sich wieder als 16-jähriges Mädchen sah, Eric gerade kennenlernte und ihn zunächst erst einmal abblitzen ließ. Danach hat sie in ihrem Traum den ersten Kuss mit ihm erneut erlebt.

F 2012
R: Noémie Lvovsky
K: Jean-Marc Fabre
D: Noémie Lvovsky,
Samir Guesmi, Judith
Chemla, India Hair,
Julia Faure, Jean-Pierre
Léaud, Mathieu Amalric
u.a. L: 115 Min.
V: Movienet|Lighthouse

La Grande Cascade

Allée de Longchamp – Bois de Boulogne, 75016 Paris
Tel. 01 45 27 33 51
Métro: Porte Maillot, Porte Dauphine

F|I 1967
R: Luis Buñuel
K: Sacha Vierny
D: Catherine Deneuve,
Jean Sorel, Michel
Piccoli, Geneviève Page,
Pierre Clémenti u.a.
L: 195 Min.
DVD|Blu-ray: StudioCanal

BELLE DE JOUR – SCHÖNE DES TAGES

Der großbürgerlichen Pariserin Séverine Sérizy (Catherine Deneuve) ist es unmöglich, mit ihrem Mann Pierre (Jean Sorel) intim zu werden. Um ihre erotischen Phantasien nicht nur in Tagträumen ausleben zu müssen, fängt sie heimlich an, in einem Bordell als Prostituierte zu arbeiten. Einer ihrer ersten Kunden ist ein Herzog (Georges Marchal) mit besonderen Phantasien.

Hôtel Raphaël

17 avenue Kléber, 75116 Paris
Tel. 01 53 64 32 00 | Métro: Kléber
www.raphael-hotel.com

LÜGEN DER LIEBE

Max (Vincent Cassel) steht kurz vor der Hochzeit mit der Tochter seines Chefs, kann aber seine ehemalige Geliebte Lisa (Monica Bellucci) nicht vergessen. Diese hat ihn ohne Angabe von Gründen verlassen. In einem Lokal glaubt er, vor der Tür der Toiletten Lisas Stimme zu hören. Doch als er sich umdreht, ist niemand mehr da. Er begibt sich sofort auf die Suche nach ihr ins »Hôtel Raphaël«.

F|E|I 1996
R: Gilles Mimouni
K: Thierry Arbogast
D: Romane Bohringer,
Vincent Cassel,
Jean-Philippe Écoffey,
Monica Bellucci,
Sandrine Kiberlain u.a.
L: 112 Min.
DVD: StudioCanal

NATHALIE – WEN LIEBST DU HEUTE NACHT?

F|E 2003
R: Anne Fontaine
K: Jean-Marc Fabre
D: Fanny Ardant,
Emmanuelle Béart,
Gérard Depardieu,
Wladimir Yordanoff,
Judith Magre u.a.
L: 101 Min. DVD: Concorde

Die Pariser Gynäkologin Catherine (Fanny Ardant) besucht das Hotelzimmer, in dem sie ihr Ehemann Bernard (Gérard Depardieu) soeben mit der Prostituierten Marlène (Emmanuelle Béart) betrogen hat. Sie hatte die Prostituierte selbst beauftragt, ihren Mann zu verführen, sich ihm gegenüber aber als »Nathalie« und keinesfalls als Prostituierte auszugeben. Da Catherine unbedingt erfahren möchte, was ihren Ehemann an seinen Seitensprüngen reizt, lässt sie sich von Marlène minutiös den Ablauf ihres Treffens mit Bernard schildern.

HOTEL CHEVALIER

USA 2007
R: Wes Anderson
K: Robert D. Yeoman
D: Jason Schwartzman,
Natalie Portman, Waris
Ahuwalia, Michel
Castejon L: 13 Min. DVD|
Blu-ray: 20th Century Fox

Jack Whitman (Jason Schwartzman), der seine Ex-Freundin (Natalie Portman) in den USA zurückgelassen hat, wohnt seit Wochen in einem Luxushotel in Paris. Überraschend erhält er einen Anruf von ihr, in dem sie ihm mitteilt, dass sie für einen Tag in Paris ist und ihn nach seiner Zimmernummer fragt. Sie erscheint in seinem Zimmer mit der Nummer 403 mit einem Blumenstrauß, sieht sich dort gründlich um und putzt sich mit seiner Zahnbürste die Zähne.

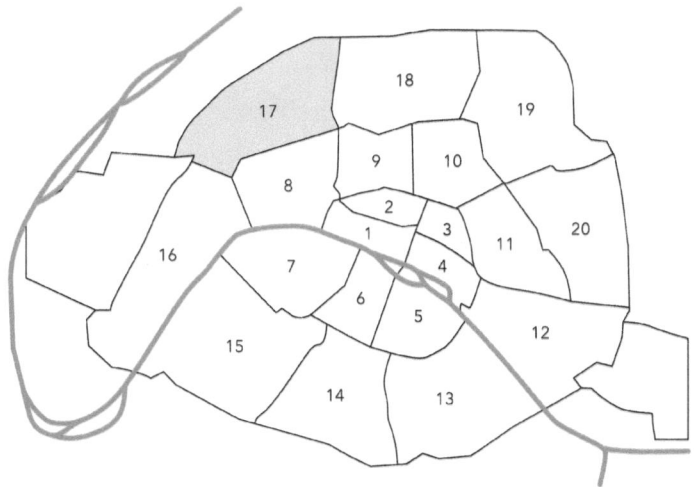

17. ARRONDISSEMENT
BATIGNOLLES-MONCEAU

Das 17. Pariser Arrondissement ist sehr heterogen und kann in verschiedene Einwohnerbereiche unterteilt werden. Nördlich der Avenue de Clichy
leben viele Immigranten in teilweise sehr heruntergekommenen Häusern.
Neben einer gemischten Zone findet man im südlichen Bereich, in dem
sich große Gebäude im Haussmann-Stil befinden, vorwiegend eine gut
situierte Bevölkerung. Der Parc Monceau liegt im 8. und 17. Arrondissement. In ihm befindet sich eine Reihe von Miniaturausgaben architekto-
nischer Bauten, z.B. Ägyptische Pyramiden, chinesische Architektur, hol-
ländische Windmühlen und korinthische Säulen. Im Park stehen Statuen
berühmter französischer Persönlichkeiten wie z.b. von Frédéric Chopin,
Guy de Maupassant, Charles Gounod, Ambroise Thomas, Alfred de Musset
und Edouard Pailleron.

SEHENSWÜRDIGKEITEN

- Palais des Congrès
- Square des Batignolles
- Cité des Fleurs
- Salle Wagram
- Marché des Ternes
- Musée Jean-Jacques Henner
- Village des Batignolles
- Promenade Pereire
- Conservatoire Claude Debussy
- Église Saint-François-de-Sales

Les Ambassades

130 boulevard Malesherbes, 75017 Paris
Tel. 01 47 63 74 11
Métro: Malesherbes

F 1963
R: Jacques Pinoteau
K: André Dumaitre,
Raymond Letouzey,
Jean Penzer D: France
Anglade, Francis Blanche,
Blanchette Brunoy,
Daniel Ceccaldi, Louis
de Funès u.a. L: 96 Min.
DVD: StudioCanal

FÜNF GLÜCKSPILZE

Episode »Un gros lot«: Antoine Beaurepaire (Louis de Funès) hat eine Million gewonnen. Mit Frau (Blanchette Brunoy) und Tochter (France Rumilly) fährt er nach Paris, um das Geld auf der Bank zu deponieren. Panisch verdächtigt er jeden, ihm seinen Geldkoffer stehlen zu wollen. Als ein junger Mann im Café seiner Tochter »schöne Augen« macht, wittert er sofort Verdacht.

Café Gabrielle

70 avenue de Villiers, 75017 Paris
Tel. 01 47 63 35 75 | Métro: Wagram
www.cafegabrielleparis.com

DAS WILDE SCHAF

Nicolas Mallet (Jean-Louis Trintignant) trifft sich mit Marie-Paule (Jane Birkin). Er hat sich vorgenommen, an diesem Tag mit ihr zu schlafen. Als er verspätet im Café erscheint, sitzt sie schon beim Essen, während sie parallel das Buch »Le château de la juive« liest. Sie freut sich unheimlich, dass er gekommen ist und schlägt ihm vor, woanders hinzugehen. Anmerkung: Das Lokal hieß ehemals »Le Villiers«.

F|I 1974
R: Michel Deville
K: Claude Lecomte
D: Jean-Louis Trintignant, Romy Schneider, Jane Birkin, Jean-Pierre Cassel, Florinda Bolkan u.a. L: 101 Min. DVD: Filmconfect|Rough Trade

Le Week-End

91 avenue de Wagram, 75017 Paris
Tel. 01 47 63 10 34
Métro: Ternes, Courcelles

F|I 1954
R: Jacques Becker
K: Pierre Montazel
D: Jean Gabin, René
Dary, Dora Doll,
Vittorio Sanipoli,
Marilyn Buferd u.a.
L: 94 Min.
DVD: StudioCanal

WENN ES NACHT WIRD IN PARIS

In einem Taxi, auf dem Weg nach Hause, wird Max (Jean Gabin) von einem Ambulanzwagen verfolgt. Er schafft es, die Verfolger abzuhängen und flüchtet in ein Café, von dem aus er seinen Partner Riton (René Dary) anruft. Er warnt Riton, der sich in Gesellschaft von Angelo (Lino Ventura) und Bastien (Angelo Dessy) befindet, unter keinen Umständen mit diesen gemeinsam das Haus zu verlassen.

Salle Wagram

39-41 avenue de Wagram, 75017 Paris
Tel. 01 58 05 56 23 | Métro: Ternes, Charles de Gaulle – Étoile
www.salle-wagram.fr

DER LETZTE TANGO IN PARIS

Paul (Marlon Brando) und Jeanne (Maria Schneider) besuchen ein Tanzlokal. Völlig unerwartet fängt Paul plötzlich an, aus seinem Leben zu erzählen, sagt Jeanne, dass er sie liebt und mit ihr leben will. Als der letzte Tango gespielt wird, tanzen die Beiden, werden aber nachdrücklich gebeten, die Tanzfläche wieder zu verlassen. Jeanne teilt Paul mit, dass sie die Beziehung beenden will und bald heiraten wird.

F|I 1972
R: Bernado Bertolucci
K: Vittorio Storaro
D: Marlon Brando,
Maria Schneider,
Jean-Pierre Léaud,
Massimo Girotti,
Veronica Lazar u.a.
L: 136 Min. DVD|
Blu-ray: 20th Century Fox

Hôtel Camélia International

3 rue Darcet, 75017 Paris
Tel. 01 45 22 50 53 | Métro: Place de Clichy
www.cameliaparishotel.com

96 HOURS

Kim (Maggie Grace), die Tochter des ehemaligen Geheimagenten Brian Mills (Liam Neeson), wurde in Paris von einem albanischen Mädchenhändlerring entführt. Auf dem Pariser Straßenstrich gelingt es Brian, an einem der Zuhälter eine Wanze zu befestigen, wodurch er erfährt, dass sich mehrere Mädchen auf einer Baustelle befinden. Dort findet er zwar nicht Kim, kann aber ein anderes Mädchen befreien, welches die Jacke seiner Tochter bei sich trägt.

F|USA|UK 2008
R: Pierre Morel
K: Michel Abramowicz
D: Liam Neeson,
Maggie Grace,
Famke Janssen,
Oliver Rabourdin u.a.
L: 93 Min. DVD|
Blu-ray: 20th Century Fox

DIE LIEBENDEN – VON DER LAST, GLÜCKLICH ZU SEIN

Im Paris der 1960er-Jahre haben sich die Schuhverkäuferin Madeleine (Ludivine Sagnier) und der Medizinstudent Jaromil (Rasha Bukvic) ineinander verliebt. Sie folgt ihm nach Prag und sie bekommen eine gemeinsame Tochter. Vor dem Hintergrund des Prager Frühlings 1968 kehrt Madeleine wieder nach Paris zurück, während Jaromil in Prag bleibt. Obwohl Madeleine neu heiratet, kann sie Jaromil, der immer wieder in ihr Leben tritt, nicht vergessen.

F|UK|CS 2011
R: Christophe Honoré
K: Rémy Beaupain
D: Chiara Mastroianni,
Catherine Deneuve,
Ludivine Sagnier,
Louis Garrel,
Milos Forman u.a.
L: 139 Min.
DVD: Senator|Universum

Hôtel Prince Albert Wagram

28 passage Cardinet, 75017 Paris
Tel. 01 47 54 06 00 | Métro: Malesherbes
www.hotelprincealbert.com/wagram

F 1968
R: François Truffaut
K: Denys Clerval
D: Jean-Pierre Léaud,
Delphine Seyrig,
Claude Jade, Michel
Lonsdale, Harry Max u.a.
L: 87 Min. DVD: StudioCanal

GERAUBTE KÜSSE

Nach Beendigung seines Wehrdienstes besucht Antoine Doinel (Jean-Pierre Léaud) ein Stundenhotel. Als sich die Prostituierte weder küssen lässt, noch ihren Pulli auszieht, verlässt er enttäuscht das Zimmer. Im Treppenhaus begegnet er einer weiteren Prostituierten, die ihm sagt, dass es ihr Glück bringen würde, ihn mitzunehmen. Anmerkung: Das Hotel hieß ehemals Hôtel Jouffroy.

Le Méridien Étoile

81 boulevard Gouvion Saint-Cyr, 75017 Paris
Tel. 01 40 68 34 34 | Métro: Porte Maillot
www.lemeridienetoile.com

WAHL DER WAFFEN

Der ehemalige Gangster Noël Durieux (Yves Montand) hat sich aus dem Geschäft zurückgezogen und betreibt mit seiner jungen Frau Nicole (Catherine Deneuve) eine Pferdezucht auf einem abgelegenen Landgut. Da Noël fürchtet, dass der Gangster Mickey (Gérard Depardieu) auf Rache aus ist, bittet er Nicole für einige Tage in ein Hotel in Paris zu ziehen. Als Nicole aber erfährt, dass es einem ihrer Pferde sehr schlecht geht, entschließt sie sich, trotz Gefahr nach Hause zu fahren.

F 1981
R: Alain Corneau
K: Pierre-William Glenn
D: Yves Montand,
Catherine Deneuve,
Gérard Depardieu u.a.
L: 130 Min.
DVD: StudioCanal

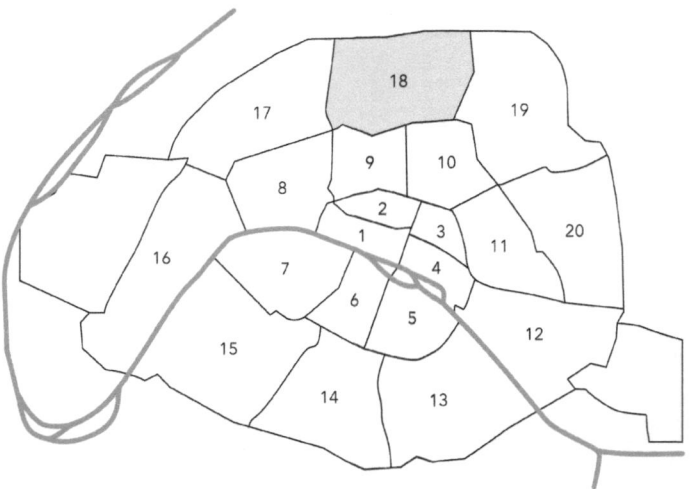

18. ARRONDISSEMENT
BUTTE-MONTMARTRE

Das Herzstück des 18. Arrondissements ist die Basilika Sacré-Cœur auf dem Gipfel von Montmartre. Im 19. Jhd. war Montmartre eine künstlerische Hochburg, in der zahlreiche Maler wie Renoir, Van Gogh, Steinlen, Toulouse-Lautrec, Suzanne Valadon, Utrillo, Picasso, Braque und Modigliani lebten. Heute haben es die Maler auf dem »Place du Tertre« vor allem auf die Touristen abgesehen. Neben dem Moulin Rouge ist der Bereich um den Place Pigalle hauptsächlich von billigen Souvenir-Shops, Nachtclubs und Sexläden geprägt. Interessant ist der Friedhof »Cimetière de Montmartre«, auf dem viele berühmte Persönlichkeiten ruhen, u.a. Alexandre Dumas (d.J.), Stendhal, François Truffaut, Dalida, Émile Zola, Edgar Degas, Heinrich Heine, Jacques Offenbach, Jeanne Moreau.

SEHENSWÜRDIGKEITEN

- Basilique du Sacré-Cœur
- Place du Tertre
- Moulin Rouge
- Cimetière de Montmartre
- Place du Calvaire
- Atelier de Picasso
- Puces de Clignancourt | Saint-Quen
- Le Moulin Radet
- Les vignes de Montmartre
- La Cité Véron
- Musée de Montmartre
- Le mur des je t'aime

Au Soleil de la Butte

32 rue Muller, 75018 Paris
Tel. 01 46 06 18 24
Métro: Château Rouge

SABRINA

Auf der Terrasse des Cafés »Au Soleil de la Butte« sitzend, schreibt die Amerikanerin Sabrina (Julia Ormond) einen letzten Brief an ihren Vater, in dem sie ihm ihre Rückkehr in die Vereinigten Staaten ankündigt. Dabei zitiert sie Gertrude Stein, die sagte: »Amerika ist mein Land und Paris ist meine Heimatstadt.« Genauso, schreibt sie, wird sie Paris auch immer sehen.

D|USA 1995
R: Sidney Pollack
K: Guiseppe Rotunno
D: Harrison Ford,
Julia Ormond, Greg
Kinnear, Nancy
Marchand, John Wood,
Fanny Ardant u.a.
L: 109 Min. DVD|
Blu-ray: Paramount
(Universal Pictures)

L'Alibi

11 rue Lapeyrère, 75018 Paris
Tel. 01 42 52 23 50
Métro: Jules-Joffrin

36 - TÖDLICHE RIVALEN

Die beiden Polizeibeamten Léo Vrinks (Daniel Auteuil) und Denis Klein (Gérard Depardieu), der auch gerne mal zu fragwürdigen Mitteln greift, konkurrieren um die Beförderung zum zukünftigen Chef der Pariser Polizei. Als es in Paris zu einer Serie brutal durchgeführter Raubüberfälle auf Geldtransporter kommt, die für großes Aufsehen sorgen, stehen sie unter dem Druck der Öffentlichkeit, bei den Ermittlungen rasche Erfolge vorzuweisen.

F 2004
R: Olivier Marchal
K: Denis Rouden
D: Daniel Auteuil,
Gérard Depardieu,
André Dussollier u.a.
L: 111 Min. DVD|
Blu-ray: Universum

LE WEEKEND

Das britische Ehepaar Meg (Lindsay Duncan) und Nick (Jim Broadbent) ist pleite. Ihre Hotelrechnung im exklusiven »Hôtel Plaza Athénée« konnten sie nicht mehr bezahlen. Deshalb bitten sie Morgan (Jeff Goldblum), Nicks Kommilitonen aus Cambridge-Zeiten, der inzwischen ein erfolgreicher Schriftsteller ist, um Hilfe. Nick bietet den beiden sofort ohne Umschweife an, vorübergehend zu ihm in sein großes Pariser Luxusappartement zu ziehen.

F|UK 2013
R: Roger Michell
K: Nathalie Durand
D: Lindsay Duncan,
Jim Broadbent,
Jean-Pierre Degremont
Jeff Goldblum u.a.
L: 93 Min. DVD: Prokino

Le Café des Deux Moulins

15 rue Lepic, 75018 Paris
Tel. 01 42 54 90 50 | Métro: Blanche
www.cafedesdeuxmoulins.fr

F|D 2001
R: Jean-Pierre Jeunet
K: Bruno Delbonnel
D: Audrey Tautou,
Mathieu Kassovitz,
Rufus, Claire Maurier,
Clotilde Mollet u.a.
L: 122 Min. DVD|
Blu-ray: Prokino|EuroVideo

DIE FABELHAFTE WELT DER AMÉLIE

Amélie Poulain (Audrey Tautou) ist aus ihrem Elternhaus ausgezogen und arbeitet als Kellnerin im »Café des 2 Moulins«. Sie verliebt sich in Nino (Mathieu Kassovitz), einen Sammler von weggeworfenen Passbildern. In ihm erkennt sie einen Seelenverwandten und lässt ihm auf verworrenen Wegen Nachrichten zukommen. In dieser Szene ist er für eine Verabredung mit ihr ins »Café des 2 Moulins« gekommen. Aber Amélie ist unsicher, ob sie sich ihm gegenüber zu erkennen geben soll.

La Renaissance

112 rue Championnet, 75018 Paris
Tel. 01 85 15 28 31 | Métro: Simplon, Jules Joffrin
www.bistrotlarenaissance.fr

F|I 1974
R: Michel Deville
K: Claude Lecomte
D: Jean-Louis Trintignant,
Romy Schneider,
Jane Birkin, Jean-Pierre
Cassel, Florinda Bolkan
u.a. L: 101 Min. DVD:
Filmconfect|Rough Trade

DAS WILDE SCHAF

Der schüchterne und ziellose Pariser Bankangestellte Nicolas Mallet (Jean-Louis Trintignant) trifft sich regelmäßig mit seinem Freund Claude Fabre (Jean-Pierre Cassel), einem erfolglosen Schriftsteller, im Café. Von hier aus plant und steuert Claude das Leben seines Freundes Nicolas wie eine Romanfigur mit dem Ziel, dass dieser zusehends mehr gesellschaftlichen, wirtschaftlichen und politischen Einfluss gewinnt.

F 1977
R: Claude Zidi
K: Claude Renoir
D: Jean-Paul Belmondo,
Raquel Welch, Dany
Saval, Jane Birkin u.a.
L: 96 Min.
DVD: StudioCanal

EIN IRRER TYP

Der tollpatschige und klamme Stuntman Mike Gauber (Jean-Paul Belmondo) täuscht mit seinem Agenten Hyacinthe (Charles Gérard) vor, die Restaurantrechnung bezahlen zu können, da große Aufträge auf sie warten. Als Santos (Mario David), der Zigeuner, Mike einen Job anbietet, lehnt er ab. Kurze Zeit später überlegt er es sich anders und tritt als Affe verkleidet für eine Spaghetti-Werbung auf.

DIE BESTECHLICHEN

Der korrupte Polizist René Boisrond (Philippe Noiret) klärt seinen neuen Kollegen François Lesbuche (Thierry Lhermitte) über die Polizeiarbeit auf der Straße auf. Während René sich einen Aperitif gönnt und die Ergebnisse des Pferdelottos liest, studiert François lieber das Strafgesetzbuch. Zudem besteht der gewissenhafte François darauf, die Rechnung im Restaurant selbst zu bezahlen, obwohl diese üblicherweise aufs Haus geht.

F 1984
R: Claude Zidi
K: Jean-Jacques Tarbès
D: Philippe Noiret,
Thierry Lhermitte,
Régine, Julien Guiomar,
Grace de Capitani,
Claude Brosset u.a.
L: 102 Min. DVD: Concorde

DAS BLUT DER ANDEREN

Die Amerikanerin Hélène (Jodie Foster) hat Paul (Lambert Wilson) gebeten, ihr ein blaues Fahrrad aus einem Pariser Hinterhof zu stehlen. Er kommt ihrer Bitte aber nicht nach. Enttäuscht über sein mangelndes Engagement spricht sie daraufhin den Kommunisten Jean (Michael Ontkean) an, gibt diesmal das Fahrrad allerdings einfach als ihr eigenes aus.

CAN|F|USA 1984
R: Claude Chabrol
K: Richard Ciupka
D: Michael Ontkean,
Sam Neill, Lambert
Wilson, Stéphane
Audran u.a. L: 135 Min.
V: Parafrance (F)

DIE KLEINE DIEBIN

F 1988
R: Claude Miller
K: Dominique Chapuis
D: Charlotte Gainsbourg,
Simon de La Brosse,
Didier Bezace u.a.
L: 109 Min. V: AMLF (F)

Die sechzehnjährige Janine (Charlotte Gainsbourg) sehnt sich nach romantischen Gefühlen und Liebe. Bei einem Kinobesuch nähert sie sich einem wesentlich älteren Sitznachbarn an. Von ihm, Michel (Didier Bezace), möchte sie gerne entjungfert werden, doch der verheiratete Michel zögert. Er möchte nicht ihr Erster sein. Erst nachdem sie sich einem anderen Mann hingegeben hat, lässt er sich auf eine Affäre mit ihr ein.

F 1990
R: Claude Zidi
K: Jean-Jacques Tarbès
D: Philippe Noiret,
Thierry Lhermitte, Guy
Marchand, Jean-Pierre
Castaldi, Grace De
Capitani u.a. L: 102 Min.
DVD: Concorde

GAUNER GEGEN GAUNER

Der junge Polizist François Lesbuche (Thierry Lhermitte) teilt seinem korrupten Kollegen René Boisrond (Philippe Noiret) mit, dass er in Zukunft nicht mehr »gratis« essen, keine krummen Touren, sondern nur noch ehrliche Arbeit leisten will. Er möchte, dass seine Kinder, wenn er später einmal Kinder hat, stolz auf ihren Vater sein können. Aber René will im beweisen, dass niemand wirklich ehrlich ist. Anmerkung: Im Film wird das Lokal »Chez Fernand« genannt.

HOMO FABER

Der Ingenieur Walter Faber (Sam Shephard) lernt auf einer Schiffsreise nach Europa die junge Elisabeth (July Delpy) kennen, verliebt sich in sie und gibt ihr den Namen Sabeth. In Paris versucht er, sie ausfindig zu machen und besucht deshalb das Louvre. Doch er kann sie nicht finden. Sie hat ihn allerdings dort gesehen und folgt ihm heimlich. Als sie sich ihm zu erkennen gibt, schlägt er ihr vor, gemeinsam ein Restaurant zu besuchen.

F|D|GR 1991
R: Volker Schlöndorff
K: Pierre Lhomme
D: Sam Shepard, July Delpy, Barbara Sukowa, Dieter Kirchlechner, Traci Lind, Deborah-Lee Furness u.a. L: 108 Min.
DVD: Arthaus|Kinowelt

FANFAN & ALEXANDRE

Die Hochzeit von Alexandre (Vincent Perez) und seiner Verlobten Laure (Marine Delterme) steht kurz bevor, als er bei einem Wochenende außerhalb von Paris die junge Fanfan (Sophie Marceau) kennenlernt. Er fühlt sich sehr zu der aus einer Zirkusfamilie stammenden Frau hingezogen und muss sich eingestehen, dass er sich in sie verliebt hat. Als Romantiker möchte Alexandre seine Verliebtheit auf ewig bewahren. Er glaubt, ein einziger Kuss könnte seine Empfindungen abnutzen.

F 1993
R: Alexandre Jardin
K: Jean-Yves Le Mener
D: Sophie Marceau, Gérard Séty, Vincent Perez, Marine Delterme, Bruno Todeschini, Marcel Maréchal u.a.
L: 87 Min.
DVD: StudioCanal

INGLOURIOUS BASTERDS

USA|D 2009
R: Quentin Tarantino
K: Robert Richardson
D: Brad Pitt, Mélanie
Laurent, Christoph
Waltz, Eli Roth, Diane
Kruger u.a. L: 148 Min.
DVD|Blu-ray: Universal

Shosanna (Mélanie Laurent) sitzt mit einem Buch im Café, als der deutsche Soldat Fredrick Zoller (Daniel Brühl) erscheint und sich ihr vorstellt. Er sagt ihr, dass er ein Kriegsheld sei, der etliche Feinde des deutschen Reichs getötet hat. Seine Heldentaten wurden unter dem Titel »Der Stolz der Nation« verfilmt - mit ihm selbst in der Hauptrolle. Shosanna wünscht ihm viel Glück für die Premiere des Films im besetzten Paris und verlässt abrupt das Lokal.

LA DOULEUR

F|B|CH 2017
R: Emmanuel Finkiel
K: Alexis Kavyrchine
D: Mélanie Thierry,
Benoît Magimel,
Benjamin Biolay, Grégoire
Leprince-Ringuet,
Shulamit Adar, Emmannuel
Bourdieu u.a. L: 122 Min.
DVD: TF1Vidéo (F)

Der Ehemann der Schriftstellerin Marguerite Duras (Mélanie Thierry), der Schriftsteller Robert Antelm (Emmanuel Bourdieu), wurde als Mitglied der Résistance in ein deutsches Konzentrationslager verschleppt. Nach Kriegsende wartet sie auf seine Rückkehr. Sie trifft sich mit dem Gestapomann Pierre Rabier (Benoît Magimel). Durch ihn erhofft sie sich Informationen über ihren Mann, aber auch die Résistance profitiert von diesen Treffen.

La Mascotte

52 rue des Abbesses, 75018 Paris
Tel. 01 46 06 28 15 | Métro: Abbesses
www.la-mascotte-montmartre.com

ZU ENDE IST ALLES ERST AM SCHLUSS

Die drei Brüder Michel, Pierre und Patrick (Michel Blanc, Xavier Brière, Yvan Garouel) laden ihre kürzlich verwitwete Mutter Madeleine (Annie Cordy) zu ihrem Geburtstag in das für seine Meeresfrüchte bekannte Restaurant »La Mascotte« in Montmartre ein. Einige Zeit zuvor, nachdem sie einen Unfall hatte, haben die Brüder gemeinsam entschieden, Madeleine zu ihrer eigenen Sicherheit in ein Altersheim zu bringen.

F 2014
R: Jean-Paul Rouve
K: Christophe Offenstein
D: Michel Blanc,
Annie Cordy, Mathieu
Spinosi, Chantal Lauby
u.a. L: 96 Min.
DVD|Blu-ray: Indigo

Le Wepler

14 place de Clichy, 75018 Paris
Tel. 01 45 22 53 24 | Métro: Place de Clichy
www.wepler.com

F 1987
R: Jacques Deray
K: Jean-François Robin
D: Jean-Paul Belmondo,
Michel Creton,
Yolande Gilot, Catherine
Rouvel u.a. L: 92 Min.
DVD|Blu-ray: StudioCanal

DER PROFI 2

Die beiden Freunde und Polizisten Stan und Simon (Jean-Paul Belmondo, Michel Creton) planen ihr zukünftiges Leben. Gemeinsam mit Stans Sohn wollen sie auf die Antillen gehen und dort ein neues Leben aufbauen. Stan hat ihre Kündigungsschreiben für den Polizeidienst schon vorbereitet, als der Verlauf des Abends eine unerwartete Wendung nimmt.

DREI FARBEN – WEISS

Der polnische Frisör Karol (Zbigniew Zamachowski) schlägt seinem Freund Mikolaj (Janusz Gajos) vor, ihm seine große Liebe Dominique (Julie Delpy) zu zeigen. Er deutet auf ein erleuchtetes Fenster direkt über der »Brasserie Wepler«. Mikolaj sieht auf das Filmplakat zu LE MEPRIS mit Brigitte Bardot, welches sich direkt neben Dominques Fenster befindet und sagt bewundernd: »Ja, sie ist wirklich sehr schön.«

F|PL|CH 1994
R: Krzysztof Kieslowski
K: Edward Klosinski
D: Julie Delpy,
Zbigniew Zamachowski,
Janusz Gajos, Jerzy
Stuhr, Grzegorz
Warchol u.a. L: 87 Min.
Blu-ray: Concorde

ALLES WAS KOMMT

Die Philosophie-Lehrerin Nathalie (Isabelle Huppert) befindet sich in einer Umbruchphase. Ihr Mann hat sie nach 25 Jahren Ehe verlassen, ihre Mutter muss ins Altersheim und ihr Verlag will den Vertrag kündigen. Im »Wepler« trifft sie sich mit ihrem ehemaligen Schüler Fabian (Roman Kolinka), mit dem sie eine platonische Liebe im Dienste der Philosophie hat. Er lädt sie ein, ihn und seine Aussteiger-Freunde auf einem Bauernhof zu besuchen.

F|D 2016
R: Mia Hansen-Love
K: Denis Lenoir
D: Isabelle Huppert,
André Marcon, Roman
Kolinka, Edith Scob u.a.
L: 98 Min.
DVD|Blu-Ray: Weltkino|
Universum Film

Michou

80 rue des Martyrs, 75018 Paris
Tel. 01 46 06 16 04 | Métro: Pigalle
www.michou.com

F|I 1973
R: Claude Lelouch
K: Claude Lelouch
D: Lino Ventura,
Françoise Fabian,
Charles Gérard, André
Falcon, Mireille
Mathieu u.a. L: 110 Min.
DVD: Warner|KochMedia

EIN GLÜCKLICHES JAHR

Der Juwelendieb Simon (Lino Ventura) wurde aufgrund einer Neujahrsamnestie frühzeitig aus dem Gefängnis entlassen und möchte seine Freundin Françoise (Françoise Fabian) in ihrer Wohnung überraschen. Leider muss er feststellen, dass diese inzwischen einen Liebhaber hat. Enttäuscht verbringt er den Sylvesterabend bei »Michou« in Montmartre, der dort sein gleichnamiges Cabaret betreibt.

Moulin Rouge

82 boulevard de Clichy, 75018 Paris
Tel. 01 53 09 82 82 | Métro: Blanche
www.moulinrouge.fr

FRENCH CANCAN

Henri Danglard (Jean Gabin) möchte das »Moulin Rouge« mit dem »French Cancan« als Attraktion des Abends eröffnen. Doch kurz vor dem Richtfest zieht sich sein Finanzier zurück. Über Nini (Françoise Arnoul) kommt Prinz Alexander (Gianni Esposito) als neuer Finanzier ins Spiel. Als dieser in der Heimat die Nachfolge seines Vaters antreten muss, überschreibt er das »Moulin Rouge« an Danglard.

F|I 1954
R: Jean Renoir
K: Michel Kelber
D: Jean Gabin, María Félix, Anna Amendola, Jean-Roger Chaussimon, Dora Doll, Gaston Gabaroche, Jacques Jouanneau, Michel Piccoli u.a. L: 100 Min.
DVD|Blu-ray: Pidax Film Media|AI!ve

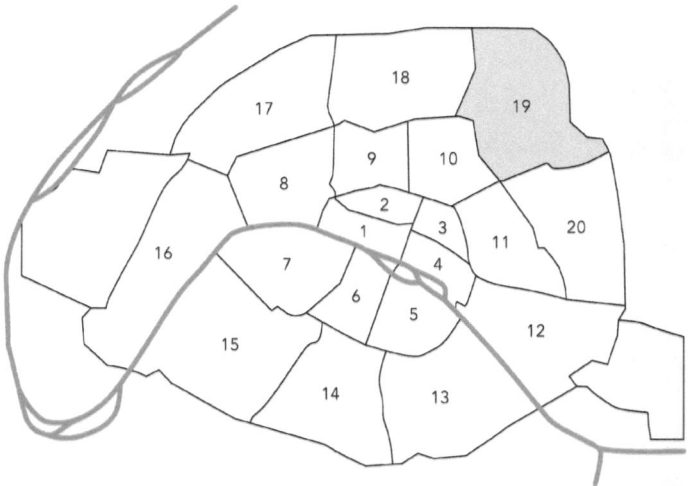

BUTTES-CHAUMONT

Das 19. Pariser Arrondissement wurde erst 1860 Teil von Paris und ist vorwiegend ein Arbeiterviertel. Es wird von den Kanälen »Canal Saint-Denis« und »Canal de l'Ourcq« durchquert, die in das »Bassin de la Villette« münden. Der südliche Teil des Arrondissements liegt auf einer Anhöhe. Hier befindet sich der 25 Hektar große »Parc des Buttes-Chaumont«. Er wurde 1867 zur Weltausstellung unter Napoléon III. eröffnet. Seine Kunstlandschaft, erbaut auf dem steilen Gelände eines Steinbruchs, zählte damals zur Avantgarde der Landschaftsarchitektur. In einem ehemaligen städtischen Bestattungsunternehmen befindet sich heute das Kunst- und Kulturzentrum »Le Centquatre«.

SEHENSWÜRDIGKEITEN

- Parc de la Villette (la Géode)
- Parc des Buttes-Chaumont
- Grande Halle de la Villette
- Cité des Sciences et de l'Industrie
- Cité de la Musique
- Canal de l'Ourcq
- La Butte Bergeyre
- Le Centquatre
- Quartier de l'Amérique
- Le marché de la Villette
- Le pont de Crimée
- Église Notre-Dame-de-Fatima

Café Chérie

44 boulevard de la Villette, 75019 Paris
Tel. 09 53 05 93 36 | Métro: Belleville
www.cafecherie.blogspot.de

DAS LEBEN GEHÖRT UNS

Juliette (Valérie Donzelli) und Roméo Benaïm (Jérémie Ekaïm) sind bis über beide Ohren ineinander verliebt und genießen das Leben in vollen Zügen. Sie bekommen einen gemeinsamen Sohn. Als ihr Sohn Adam (Gabriel Elkaïm) ständig weint und schreit, suchen sie ärztliche Hilfe. Daraufhin wird ihr Glück aufgrund der schweren Krankheit des Sohnes auf eine harte Probe gestellt. Anmerkung: Der Film beruht auf autobiografischen Erlebnissen der Hauptdarsteller.

F 2011
R: Valérie Donzelli
K: Sébastien Buchmann
D: Valérie Donzelli,
Jérémie Elkaïm,
César Desseix u.a.
L: 96 Min. DVD: Prokino

Le Napoléon III

1 place Armand-Carrel, 75019 Paris
Tel. 01 42 08 33 04 | Métro: Laumière
www.napoleon-3.com

F|P 1998
R: Cédric Kahn
K: Pascal Marti
D: Charles Berling,
Sophie Guillemin,
Arielle Dombasle,
Robert Kramer, Alice
Grey u.a. L: 122 Min.
DVD: Alamode Film

LIEBE, SEX UND LEIDENSCHAFT

Der Philosoph Martin (Charles Berling) und die pummelige 17-jährige Cécilia (Sophie Guillemin) sitzen auf der Terrasse der »Brasserie Napoléon III«. Cécilia hat ihm ihre Untreue gestanden. Rasend vor Eifersucht fragt Martin sie zwanghaft aus und will detailliert jede Einzelheit über die Beziehung zu ihrem jungen Geliebten Momo (Tom Ouedraogo) erfahren.

Café Parisien

2 place Rhin et Danube, 75019 Paris
Tel. 01 42 06 02 75
Métro: Danube

DANCING MACHINE

In dem Tanzstudio des ehemaligen Star-Tänzers Alan Wolf (Alain Delon) sterben wiederholt Frauen aus purer Erschöpfung. Inspektor Eparvier (Claude Brasseur) beginnt zu ermitteln. In der Brasserie gegenüber des Tanzstudios versucht die ebenfalls von Alan Wolf zum stundenlangen Tanzen gezwungene Daphné (Tonya Kinzinger) mit seinem Assistenten Chico (Patrick Dupond) zu sprechen.

F|E 1990
R: Gilles Béhat
K: José Luis Alcaine
D: Alain Delon, Claude Brasseur, Patrick Dupond, Tonya Kinzinger, Marina Saura u.a. L: 110 Min.
DVD: Opening (F)

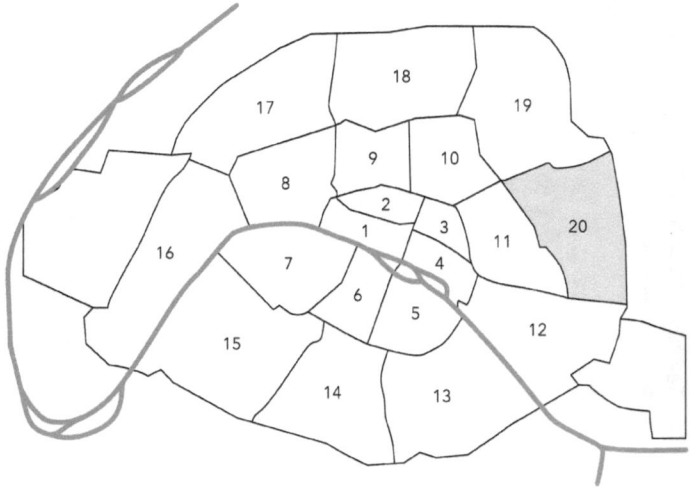

MÉNILMONTANT

Das 20. Pariser Arrondissement wurde 1860 durch die Eingemeindung der ehemals selbstständigen Gemeinden Belleville, Ménilmontant und Charonne gegründet. Es ist traditionell ein Einwanderungsviertel. Zu Beginn des 20. Jahrhunderts kamen Immigranten aus Italien, Polen und Spanien, danach aus dem Maghreb und Schwarzafrika. In diesem bunt gemischten Arbeiterviertel ist aber auch das »junge Paris« in Cafés und Clubs anzutreffen. Eine Pilgerstätte ist das Grab von Jim Morrison (The Doors), das sich auf dem meist besuchten Friedhof von Paris »Père Lachaise« befindet. Hier ruhen u.v.a. auch Balzac, Colette, Molière, Proust, Gertrude Stein, Edith Piaf und Oscar Wilde.

SEHENSWÜRDIGKEITEN

- Cimetière du Père-Lachaise
- Rue Ménilmontant
- Parc de Belleville
- La villa Castel
- La villa de l'Ermitage
- La cité Jourdain
- Rue Saint-Blaise
- Rue des Envierges
- Rue des Cascades
- La Campagne à Paris
- La Maroquinerie
- Église Notre-Dame-de-la-Croix

Le Chaumontois

12 rue Armand Carrel, 75020 Paris
Tel. 01 42 00 23 78
Métro: Laumière

DIE FRAU DES FLIEGERS

François (Philippe Marlaud) weiht die 15-jährige Lucie (Anne-Laure Meury) in seine Beziehungsprobleme mit Anne (Marie Rivière) ein. Er glaubt, dass Anne eine Affäre mit ihrem Ex-Freund Christian (Mathieu Carrière) hat. Da er diesen allerdings auch mit einer anderen Frau gesehen hat, nimmt er an, dieser sei verheiratet. Lucie, neugierig auf die Verwicklungen, versucht das Puzzle zu lösen.

F 1981
R: Eric Rohmer
K: Bernard Lutic
D: Philippe Marlaud,
Marie Rivière,
Anne-Laure Meury,
Mathieu Carrière,
Coralie Clément,
Fabrice Luchini u.a.
L: 106 Min.
DVD: Arrow Films (F)

Aux Folies

8 rue de Belleville, 75020 Paris
Tel. 06 28 55 89 40 | Métro: Belleville
www.aux-folies-belleville.fr

SO IST PARIS

F 2008
R: Cédric Klapisch
K: Christophe Beaucarne
D: Juliette Binoche,
Romain Duris, Fabrice
Luchini u.a. L: 130 Min.
DVD: EuroVideo|Prokino

Bis über beide Ohren verliebt in die junge Studentin Laetitia (Mélanie Laurent) beobachtet der Universitätsprofessor Roland Verneuil (Fabrice Luchini) seine Angebetete heimlich in einem Café. Dort trifft sich Laetitia mit Freundinnen und ihrem gleichaltrigen Liebhaber. Laetitia hatte Roland extra dorthin gebeten, damit er mit eigenen Augen sieht, wie und mit wem sie lebt.

La Mère Lachaise

78 boulevard de Ménilmontant, 75020 Paris
Tel. 01 47 97 61 60 | Métro: Père Lachaise
www.lamerelachaise.fr

LE PASSÉ – DAS VERGANGENE

Der Iraner Ahmad (Ali Mosaffa) kehrt nach Paris zurück. Seine Ehefrau Marie (Bérénice Bejo), inzwischen mit Samir (Tahar Rahim) liiert, hat ihn um die Scheidung gebeten. Ahmad spürt, dass die Beziehung zwischen Marie und ihrer Tochter Lucie (Pauline Burlet) sehr angespannt ist. Im Bistro gesteht ihm Lucie, dass sie sich schuldig an dem Selbstmordversuch von Samirs Frau fühlt.

F|I|IR 2013
R: Asghar Farhadi
K: Mahmoud Kalari
D: Bérénice Bejo, Tahar Rahim, Ali Mosaffa, Pauline Burlet, Elyes Aguis, Jeanne Jestin, Sabrine Ouazani u.a.
L: 130 Min. DVD|Blu-ray: Arthaus|StudioCanal

DANKSAGUNG

Mein Dank gilt all jenen, die dieses Projekt begleitet und unterstützt haben. Für Inspiration, Information und Engagement in Paris danke ich insbesondere Fouad Sérir. Für sprachliche Verfeinerungen Clemens Füsers in Berlin. Die Anregung, die es für mich bedeutete, dass Rainer Werner Fassbinder einige Szenen seines Films »Faustrecht der Freiheit« (1975) in einem Lokal meines Onkels Manfred Krischer in München drehte, spielt für das Buch sicherlich auch eine Rolle. Damit wählte Fassbinder keinen beliebigen Ort als Filmkulisse, sondern einen für die Filmhandlung relevanten und authentischen Ort der Münchner Szene, zu dessen Stammgästen er selbst gehörte.

NACHBEMERKUNG

Eine Stadt wie Paris ist natürlich immer in Bewegung. Lokale öffnen und schließen, werden renoviert, umgebaut, wechseln den Namen, Standort oder Besitzer. Deshalb ist es nahezu unmöglich, keinen Fehler zu begehen. Sollten sich Angaben zwischenzeitlich geändert haben, bitte ich dies zu entschuldigen. Ich würde mich sehr freuen, wenn diese mir mitgeteilt werden.

ak@anettekrischer.com
www.anettekrischer.com

FILMINDEX

Z